ENTWICKLUNG UND EVALUATION DES FRAGEBOGENS „ERZIEHUNGSBERATUNG AUS ELTERNSICHT“ DES QUALITÄTSBEURTEILUNGSSYSTEMS FÜR HILFEN ZUR ERZIEHUNG (QuBuS-EB-E)

Maike Burckhardt

QUALITÄT UND QUALITÄTSSICHERUNG IN DER SOZIALEN ARBEIT

Herausgegeben von Rolf Ebeling

ISSN 1614-4759

1 *Rolf Ebeling*
Qualitätsdialoge in der Jugendhilfe Eckehardt
Professionalisierung und Ökonomisierung in der Sozialen Arbeit zur strukturierten Bewertung und Weiterentwicklung der „Güte“ der sozialen Dienstleistung
ISBN 3-89821-199-1

2 *Rolf Ebeling*
Evaluationsforschung in der Jugendhilfe
Die Einbeziehung der Klientenperspektive als zentrale Ressource zur Weiterentwicklung des Qualitätsmanagements – die Meinung der Kunden zählt
ISBN 3-89821-302-1

3 *Nina Heimanns*
Entwicklung und Evaluation des Fragebogens „Tagesgruppenarbeit aus Elternsicht“ des Qualitätsbeurteilungssystems für Hilfen zur Erziehung (QuBus-TG-E)
ISBN 3-89821-303-X

4 *Rolf Ebeling*
Moderne (Klein-) Gruppenpädagogik in Jugendwohngemeinschaften als erfolgreiche Alternative wirtschaftlicher Denkmodelle
ISBN 3-89821-321-8

5 *Carsten Mayer*
Der Familienentlastende Dienst –Zukunftsprojekt–
Qualitätsentwicklung und Qualitätssicherung
ISBN 3-89821-304-8

6 *Tobias Karpf*
Kundenorientierte Qualitätsentwicklung in der Heimerziehung
Eine Untersuchung von Indikatoren der Qualität stationärer Jugendhilfe als Voraussetzung eines erfolgreichen Qualitätsmanagements nach Zertifizierungsverfahren wie der DIN EN ISO 9000 ff
ISBN 3-89821-385-4

7 *Maike Burckhardt*
Entwicklung und Evaluation des Fragebogens „Erziehungsberatung aus Elternsicht“ des Qualitätsbeurteilungssystems für Hilfen zur Erziehung (QuBus-EB-E)
ISBN 3-89821-412-5

Maike Burckhardt

ENTWICKLUNG UND EVALUATION DES FRAGEBOGENS „ERZIEHUNGSBERATUNG AUS ELTERNSICHT“ DES QUALITÄTSBEURTEILUNGSSYSTEMS FÜR HILFEN ZUR ERZIEHUNG

(QuBuS-EB-E)

ibidem-Verlag
Stuttgart

Bibliografische Information Der Deutschen Bibliothek

Die Deutsche Bibliothek verzeichnet diese Publikation in der Deutschen Nationalbibliografie; detaillierte bibliografische Daten sind im Internet über <http://dnb.ddb.de> abrufbar.

∞

Gedruckt auf alterungsbeständigem, säurefreien Papier
Printed on acid-free paper

ISSN: 1614-4759

ISBN: 3-89821-412-5

Printed in Germany

INHALTSVERZEICHNIS

1 EINLEITUNG

Das Thema „Qualitätssicherung" wird in der sozialen Arbeit zunehmend wichtiger und taucht in den letzten Jahren immer häufiger bei Fachtagungen, in der Literatur und in der öffentlichen Diskussion auf (Petermann & Schmidt, 1997; Straus, 1998).

Infolge der immer knapperen finanziellen Mittel wird der Druck zur Legitimation von Ausgaben auch in der Jugendhilfe größer. Maßnahmen zur Qualitätssicherung erscheinen so als passendes Mittel bei der Verteilung der begrenzten finanziellen Ressourcen, denn auf diese Weise lässt sich der Nutzen der eigenen Arbeit belegen. Darüber hinaus wurden in einigen Bereichen des Sozialwesens bereits gesetzliche Vorschriften zur Qualitätssicherung eingeführt. Gesetzliche Vorschriften gibt es z.B. im Sozialgesetzbuch VIII von 1998 für (teil-) stationäre Jugendhilfeeinrichtungen (Gerth, Menne & Roth, 1999), im Gesundheitsstrukturgesetz von 1993 für Krankenhäuser (Mosebach, 1997; Pinter et al., 1995) und im 1994 verabschiedeten Pflegeversicherungsgesetz SGB XI für Pflegeeinrichtungen (Gerth et al., 1999). Bei Nicht-Einhalten der Vorschriften drohen finanzielle und rechtliche Konsequenzen.

Außer aus wirtschaftlichen und rechtlichen Überlegungen sind Maßnahmen zur Feststellung, Sicherung und Weiterentwicklung der Qualität der geleisteten Arbeit auch aus wissenschaftlicher, fachlicher und berufsethischer Sicht wichtig. So schreibt beispielsweise der Berufsverband Deutscher Psychologinnen und Psychologen e.V. (BDP) seinen Mitgliedern bereits in der Präambel der Berufsordnung vor, den Erfolg ihrer Arbeit zu überprüfen und ihre fachliche Kompetenz durch Fortbildung auf den Stand der Wissenschaft zu bringen (BDP, 1986). Der Fortschritt der wissenschaftlichen Forschung führt auch im Bereich der Jugendhilfe zu einem immer umfangreicheren und differenzierteren Wissen. Trotzdem gibt es hier noch viele ungeklärte Fragen, z.B. zur differenziellen Indikation von Maßnahmen oder dazu, welche Faktoren überhaupt eine erfolgreiche Intervention charakterisieren.

Ein Teil der Kinder- und Jugendhilfe sind *Erziehungs- und Familienberatungsstellen*. Ihre Aufgaben werden durch das Kinder- und Jugendhilfegesetz (KJHG) von 1991 festgelegt. Sie sollen Eltern, Kinder und Jugendliche bei individuellen und familienbezogenen Problemen unterstützen (Wild & Wild,

2000) bzw. haben den Auftrag, „eine dem Wohl des Kindes entsprechende Erziehung sicherzustellen“ (Gerth et al., 1999, S. 10).

Viele dieser Beratungsstellen bemühen sich schon seit langem darum, ihre Arbeit kritisch zu begleiten und den Erfolg ihrer Arbeit zu erfassen und auszuwerten, z.B. durch Jahresberichte, Statistiken oder Supervision (Mosebach, 1997; Straus, 1998). Nach Schmidt und Hohm (1997) gibt es jedoch nur eine „schmale Jugendhilfeforschung“ (S. 19), die sich zudem selten mit Hilfen zur Erziehung beschäftigt. Knab und Macsenaere (1997) stellen fest, dass es nur wenige Studien zur Evaluation von Erziehungsberatungsstellen gibt, die auch veröffentlicht sind (z.B. Hege & Bichlmaier, 1965; Sakofski & Kämmerer, 1986). Durch den zunehmenden finanziellen und gesetzlichen Druck sind viele Beratungsstellen nun allerdings bemüht, ihre diesbezüglichen Anstrengungen zu verstärken. Einige Beratungsstellen haben sich ihre Maßnahmen zur Qualitätssicherung bereits nach DIN/ISO zertifizieren lassen, u.a. deswegen, weil sie sich davon einen von unabhängiger Seite bestätigten Nachweis ihrer Qualität und somit auch einen „Wettbewerbsvorteil“ erhoffen. Bisher wird jedoch noch eine große Diskrepanz zwischen den zahllosen Veröffentlichungen und Vorschlägen zur Sicherung von Qualität auf der einen Seite und der tatsächlich realisierten Qualitätssicherung (Pinter et al., 1995) bzw. den wenigen Untersuchungen zu Effektivität und Effizienz der Erziehungsberatung (Wild & Wild, 2000) auf der anderen Seite gesehen. Neben dem „Zeitmangel der Praktiker“, der üblicherweise als Erklärung für die geringe Forschungstätigkeit in Anwendungsfeldern herangezogen wird, liegt ein weiterer Grund sicherlich darin, dass es bisher keine breit akzeptierten Standardinstrumente zur Evaluation von Beratungsarbeit gibt (Nitsch, 1997; Gerull & Post, 1999). So vergrößert sich der Aufwand, eine Untersuchung durchzuführen, erheblich, denn jede „forschungswillige“ Beratungsstelle ist dadurch gezwungen, einen eigenen Fragenkatalog zu erstellen. Auch eine vergleichende Einordnung der eigenen Leistungsqualität wird durch die fehlende Standardisierung der Erhebungsinstrumente unmöglich. Im Rahmen dieser Studie wird daher ein Fragebogen zur Evaluation von Erziehungsberatungsstellen der Jugendhilfe entwickelt. Er richtet sich an Eltern, die mit ihrem Kind entsprechende Leistungen in Anspruch genommen haben (Fragebogen „Erziehungsberatung aus Elternsicht“; EB-E).

In der *Evaluationsforschung* werden wissenschaftliche Methoden verwendet, um ein Produkt, ein Programm oder einen Prozess hinsichtlich der Erreichung bestimmter Ziele zu bewerten. Dabei steht vor allem die Frage im Mittelpunkt, ob eine geplante Intervention auch die beabsichtigten Folgen hat (Lösel & Nowack, 1987).

Eine Evaluation kann zur Feststellung und Bewertung des Ist-Zustandes eingesetzt werden und nach Mosebach (1997) einen Ausgangspunkt für Maßnahmen zur Qualitätssicherung bilden. Zum Thema „Qualitätssicherung" gibt es seit den Achtzigerjahren eine internationale Normenreihe, die *Qualität* für Produkte und Dienstleistungen inhaltsunabhängig definiert. Ein Teil dieser Normenreihe (ISO 9004, Teil 2) befasst sich mit speziell für Dienstleistungsbetriebe entwickelten Qualitätsstandards und ist somit auch für soziale Einrichtungen maßgeblich. Er beinhaltet Leitfäden zur Einführung eines Qualitätsmanagement-Systems und Standards zur Zertifizierung der formalen Qualität eines Betriebes bzw. einer Einrichtung (Mosebach, 1997). Mittlerweile gibt es schon Beispiele für die erfolgreiche Umsetzung dieser Standards im Gesundheitswesen (Pietsch-Breitfeld et al., 1994, zit. nach Bertelmann, Jansen & Fehling, 1996).

Für den medizinischen Bereich hat Donabedian (1966) eine Einteilung in die drei Dimensionen der Struktur-, Prozess- und Ergebnisqualität vorgenommen, um die vielfältigen Aspekte von Qualität zu strukturieren. Das Bundesministerium für Familie, Senioren, Frauen und Jugend (Gerth et al., 1999) hat diese Dimensionen für Erziehungs- und Familienberatungsstellen genauer definiert. Zur Strukturqualität zählen demnach die Ausstattung der Einrichtung und die Rahmenbedingungen, unter denen die Leistung erbracht wird. Prozessqualität bezieht sich auf die Durchführung der Arbeit, d.h. auf welche Art und Weise sie abläuft. Ergebnisqualität bezeichnet die Wirksamkeit oder Effektivität der Leistung, wobei sowohl objektive als auch subjektive Sichtweisen berücksichtigt werden sollen.

Der Fragebogen EB-E erfasst verschiedene Aspekte der Struktur-, Prozess- und Ergebnisqualität über Elterneinschätzungen. Darüber hinaus berücksichtigt er soziodemographische Merkmale und Eingangsvoraussetzungen der Klienten, die einer genaueren Beschreibung der Stichprobe dienen. Die *Ergebnisqualität* wird anhand verschiedener Kriterien festgestellt. Eine *Verän-*

derung der Probleme bzw. Symptomatik (Lenz, 2000) ist ein sehr zentrales Kriterium für den Beratungserfolg, das viele Evaluationsstudien verwenden. Im Fragebogen EB-E wird es über verschiedene Indikatoren, wie z.B. Ausmaß der Probleme und Auftretenshäufigkeit, (direkt und indirekt) erfasst.

Nach Schmeck (1998) wird in medizinischen Fachgebieten wie der Onkologie, Schmerztherapie oder Psychiatrie zunehmend darauf verwiesen, dass objektive Erfolgskriterien wie z.B. Überlebensraten oder Symptomreduktion nicht ausreichend sind, um den Erfolg einer Maßnahme angemessen zu beurteilen und Entscheidungen zu unterstützen. Ausgelöst durch die Kritik, dass die Auswirkung von medizinischen Maßnahmen auf die „Lebensqualität" der Patienten bei der Erfolgsbewertung keine angemessene Berücksichtigung findet, entstanden Konzepte zur gesundheitsbezogenen Lebensqualität, worunter das psychische, körperliche und soziale Wohlbefinden einer Person zu verstehen sind. In der Kinder- und Jugendpsychiatrie spielen diese Konzepte bislang jedoch keine Rolle (Schmeck, 1998). Daher berücksichtigt der Fragebogen EB-E neben den anderen Erfolgskriterien auch die *Lebensqualität der Klienten*, die mit einer Skala von Mattejat et al. (1998) erhoben wird.

Darüber hinaus werden Veränderungen der *Belastung von Kind, Eltern und Familie* erhoben, denn viele der Probleme, die Eltern dazu veranlassen, eine Beratung in Anspruch zu nehmen, belasten nicht nur die Kinder, sondern auch die Eltern und die Familie. Systemische Ansätze, die sich in der Erziehungsberatung zunehmend durchsetzen, gehen von der Sichtweise aus, dass der „Indexpatient Kind" lediglich der „Symptomträger" für das gestörte Familiensystem ist, so dass daher die ganze Familie explizit in die Behandlung mit einbezogen wird. Eine erfolgreiche Beratung sollte sich also nicht nur in einer Verringerung der kindlichen, sondern auch der elterlichen und familiären Belastung zeigen.

Wichtig ist weiterhin die *allgemeine Zufriedenheit der Eltern* mit der Beratung insgesamt. Während die Kundenzufriedenheit bei Dienstleistungen im wirtschaftlichen Bereich als zuverlässiges Mittel zur Qualitätsbeurteilung gilt (Eversheim, 1997), zeigt sich bei Umfragen im Gesundheitsbereich häufig, dass die Zufriedenheit mit einer Behandlung erstaunlich unabhängig von objektiveren Erfolgsindikatoren ist. Viele Klienten geben hohe bis sehr hohe Zufriedenheitswerte an, obwohl sich ihr Problem nicht oder nur wenig verbessert hat.

Als weiteres Kriterium zur Beurteilung des Beratungserfolges wird eine *globale Skala zum Therapieerfolg* herangezogen, die Mattejat und Remschmidt (1993) im Rahmen eines Fragebogens zur Beurteilung von Therapien mit psychisch kranken Kindern entwickelten.

Dieser Therapiefragebogen erfasst neben der Ergebnisqualität auch die *Prozessqualität*, denn sie spielt eine wichtige Rolle für den Behandlungserfolg. „Die Qualität der beraterischen oder therapeutischen Beziehung ist anerkanntermaßen eine der wesentlichen Wirkkomponenten von Therapie und Beratung“ (Lohl, 1999, S. 254). Daher wird zum einen aus dem Therapiefragebogen von Mattejat und Remschmidt (1993) auch die *Skala zur Beurteilung des Behandlungsprozesses* übernommen.

Zum anderen erfasst der Fragebogen EB-E weitere Kriterien zur Qualität des Beratungsprozesses, die auf der Grundlage der *Selbstbestimmungstheorie* von Deci und Ryan (z.B. Deci & Ryan, 1993) gebildet wurden. Diese Kriterien erlauben die theoretische Vorhersage von Zusammenhängen zwischen dem Beratungsprozess und dem -erfolg, anhand derer die Validität des Elternfragebogens überprüft wird. Die Selbstbestimmungstheorie beschäftigt sich mit den Bedingungen des psychischen Funktionierens und Wachstums und ist nach Ryan und Deci (2000) insbesondere für solche Berufsbereiche interessant, bei denen andere Menschen motiviert werden müssen, z.B. auch für Psychotherapeuten oder Berater. Es werden drei psychische Bedürfnisse postuliert, nämlich Kompetenzerleben, soziale Eingebundenheit und Autonomieerleben. Die Erfüllung dieser drei Grundbedürfnisse erfolgt über die Beziehungen des Menschen zu seinem sozialen Umfeld und ist für ein optimales psychisches Funktionieren essentiell. Dieses ermöglicht dann wiederum Wachstum und Integration, eine konstruktive soziale Entwicklung und persönliches Wohlbefinden („well-being“). V. G. Kasser und Ryan (1999) zeigten beispielsweise in einer Studie, dass die Unterstützung von Autonomie und sozialer Eingebundenheit bei Bewohnern eines Pflegeheims mit größerem Wohlbefinden einhergehen. Im Fragebogen EB-E wird mit jeweils einer Skala erfasst, inwieweit sich die Eltern durch die Berater in ihrem Kompetenzerleben, ihrer sozialen Eingebundenheit und ihrem Autonomieerleben unterstützt fühlten. Wenn die psychischen Grundbedürfnisse der Eltern in der Beratung erfüllt wurden, verbessert sich ihr persönliches Wohlbefinden und ihr Verhalten dem Kind gegenüber sollte positiver werden. Zusätzlich sollten die Eltern den „selbstbestimmungstheoretischen Stil" ihrer Berater im Umgang mit ihrem Kind übernehmen. Weiterhin wird angenommen, dass sich die Berater dem Kind gegenüber genauso kompetenzfördernd, sozial einbindend und autonomieunterstützend verhalten wie den Eltern gegenüber. Es wird erwartet, dass der Beratungserfolg um so größer ist, je höher die Eltern die Autonomieunterstützung, Kompetenzförderung und soziale Eingebundenheit durch die Berater beurteilen. Sollten sich diese theoretisch vorhergesagten Zusammenhänge zwischen der Befriedigung der psychischen Grundbedürfnisse und dem Beratungserfolg zeigen lassen, wäre dies ein Hinweis auf die Konstruktvalidität des Fragebogens.

Außer der Prozessqualität gilt auch eine gute *Strukturqualität* als wichtige Voraussetzung für die Ergebnisqualität. Die Strukturqualität einer Einrichtung wird allgemein als notwendige, aber nicht hinreichende Bedingung für den Erfolg einer Maßnahme gesehen. Während die Strukturqualität für Klienten wichtig ist und für die Einrichtung eine wertvolle Rückmeldung darstellt, ist sie aus psychologischen Gesichtspunkten weniger interessant (Barker, Pistrang & Elliott, 1994). Die Einschätzung der Strukturqualität erfolgt über die detaillierte Angabe der *Zufriedenheit mit einzelnen Aspekten* der Einrichtung und den Rahmenbedingungen der Beratung.

Der Fragebogen EB-E wurde als Teil eines Qualitätsbeurteilungssystems für Hilfen zur Erziehung (QuBuS) entwickelt. Dieses Qualitätsbeurteilungssystem entstand in Kooperation mit Heimanns (2004), die den Fragebogen „Tagesgruppenarbeit aus Elternsicht" entwickelte (QuBuS-TG-E). Während sich die vorliegende Studie mit der Evaluation der Pädagogisch-Psychologischen Beratungsstelle der Universität Bielefeld beschäftigt, evaluiert Heimanns (2004) die Tagesgruppenarbeit einer Jugendhilfeeinrichtung.

Für die vorliegende Studie wurden alle Eltern angeschrieben, die zwischen 1998 und 2001 zu mehr als einem Termin in der Pädagogisch-Psychologischen Beratungsstelle waren (*N* = 100). Neben diesen retrospektiven Fragebogendaten wird auf Angaben aus den Akten zurückgegriffen, so dass die Repräsentativität der Stichprobe beurteilt werden kann.

Mit den Daten wird zum einen die Validität des Fragebogens überprüft. Dabei sollen die Fragebogendaten Zusammenhänge zwischen Prozess- und Ergebnisqualität widerspiegeln, die auf der Grundlage der Selbstbestimmungstheorie vorhergesagt werden. Zum anderen werden die Daten deskriptiv zur Bewertung der teilnehmenden Einrichtung verwendet.

2 THEORETISCHE GRUNDLAGEN

2.1 QUALITÄT: EVALUATIONSFORSCHUNG UND QUALITÄTSSICHERUNG

Qualität wird vom Deutschen Institut für Normung (1992) definiert als „Gesamtheit von Eigenschaften und Merkmalen eines Produktes oder einer Dienstleistung, die sich auf deren Eignung zur Erfüllung festgelegter oder vorausgesetzter Erfordernisse beziehen“ (zit. nach Nübling & Schmidt, 1998). Die DIN ISO Norm legt nicht fest, was Qualität im Einzelfall inhaltlich bedeuten soll, sondern sie dient als Leitfaden zur formalen Systematisierung der Qualitätssicherung (Straus, 1998, S. 494). Nübling und Schmidt (1998) betrachten Qualität als latentes mehrdimensionales Konstrukt, welches das Verhältnis zwischen dem realisierten Ist- und einem geforderten Soll-Zustand beschreibt. Es stellt nach Merchel (2000) ein normatives Konstrukt dar, das nur in Relationen ausgedrückt werden kann und immer mit Interessen verbunden ist. Zwei unterschiedliche, aber nicht inkompatible Möglichkeiten, sich mit dem Thema „Qualität“ zu beschäftigen, stellen Evaluationsforschung und Qualitätssicherung dar.

Evaluation wird häufig als Prozess der Beurteilung des Wertes eines Produktes, Prozesses oder eines Programms definiert, was nicht notwendigerweise Verfahren oder datengestützte Beweise zur Untermauerung erfordert (Suchman, 1967, zit. nach Wottawa & Thierau, 1990). Wenn datengestützte Beweise herangezogen werden, wird für Hager (2001) daraus eine enger definierte wissenschaftliche Evaluation. Evaluationsforschung setzt somit die Verwendung systematischer wissenschaftlicher Forschungsmethoden voraus (Mittag & Hager, 1998). Wottawa und Thierau (1990) arbeiten drei allgemeine Kennzeichen der wissenschaftlichen Evaluation heraus, anstatt eine weitere Definition zu formulieren: Erstens werden durch Evaluation Handlungsalternativen bewertet, sie dient somit als Entscheidungshilfe. Zweitens ist sie ziel- und zweckorientiert und bezieht sich primär auf praktische Maßnahmen. Drittens müssen sich Evaluationsmaßnahmen dem aktuellen Stand wissenschaftlicher Techniken und Forschungsmethoden anpassen. Dahinter steht nach Lösel und Nowack (1987) die Überzeugung, dass sozialwissenschaftliche Methoden dabei helfen können, Entscheidungen rationaler und erfolgreicher zu treffen, als das ausschließlich aufgrund praktischer Erfahrung möglich ist. Während bei einer „summativen Evaluation" der Schwerpunkt auf der Ergebnis- bzw. Wirkungsbeurteilung liegt, interessiert sich die „formative Evaluation" insbesondere für die Planung, Entwicklung und Optimierung von Interventionen (Scriven, 1972, zit. nach Lösel & Nowack, 1987).

Evaluationsforschung ist ein eigenständiges, interdisziplinär organisiertes Gebiet (Wottawa & Thierau, 1990, S. 58ff.), das jedoch nach Lösel und Nowack (1987) in methodischer Hinsicht wesentlich von der quantitativ-quasiexperimentell orientierten Sozialpsychologie geprägt wurde. Rost (2000) betont die strukturelle Ähnlichkeit von Evaluations- und Grundlagenforschung. Für ihn müssen „die (bestehenden) sozialwissenschaftlichen Methoden lediglich konsequent angewendet" (S. 132) werden und so leitet er allgemeine Standards für die Evaluationsforschung bezüglich der Konzeptualisierung, Implementierung und Wirkung einer Intervention aus den Prinzipien der Grundlagenforschung ab. Nach Lösel und Nowack (1987) erlebte das Gebiet der Evaluation in den Sechzigerjahren einen starken Aufschwung, hiervon profitierte insbesondere die staatlich initiierte Evaluationsforschung in den USA. Viele damalige Programme der psychosozialen Versorgung sahen routinemäßig eine Evaluation vor. Diese „objektiven" Daten sollten dabei helfen, die sozial- und bildungspolitischen Programme zu optimieren und zu kontrollieren und Reformentscheidungen mehr Nachdruck zu verleihen. Gegen Ende der Siebzigerjahre schwächte sich der Aufwärtstrend dann allerdings wieder ab, denn methodische Mängel und uneinheitliche Ergebnisse stellten den Nutzen dieser Evaluationsforschung für die politische Entscheidungsbildung in Frage. Heute wird sie nüchterner als „Bestandteil eines komplexen Austauschprozesses zwischen allen Beteiligten" aufgefasst mit der Aufgabe, „unter vielerlei Interessenkonflikten zu rationalen und konsensfähigen Entscheidungen sowie effektiven Problemlösungen beizutragen" (Lösel & Nowack, 1987, S. 59). Evaluationen werden nun in den verschiedensten gesellschaftlichen Gebieten durchgeführt, z.B. im Bildungsbereich, in der Wirtschaft, im Gesundheitswesen, im militärischen Bereich, im Städtebau, in der Umwelt- oder auch in der Arbeitsmarktpolitik (Wottawa & Thierau, 1990, S. 58).

Neben dieser sozialwissenschaftlich orientierten Betrachtungsweise von Qualität gibt es das Konzept der „*Qualitätssicherung*". Dieses Konzept beschäftigt sich zwar auch mit der Verbesserung von Produkten bzw. Prozessen, ist aber umfassender und stammt aus einem anderen Kontext als die Evaluationsforschung, nämlich aus dem Wirtschaftsbereich. Das Interesse an einer Sicherung der Qualität von Erzeugnissen entwickelte sich nach Laireiter und Vogel (1998) mit der zunehmenden Konkurrenz der Anbieter und einer Verbesserung des Konsumentenschutzes. Zu Beginn stand die sogenannte Endkontrolle von Produkten im Mittelpunkt. Da sich die Produktionskosten dadurch aber kaum verringern ließen, verlagerte sich die Qualitätssicherung auf eine Prävention von Qualitätsmängeln, indem der Produktionsprozess kontrolliert wurde. Diese von außen gesteuerten (externen) Kontrollmodelle zur Sicherung der Qualität erwiesen sich jedoch häufig als demotivierend für die Beteiligten und so entstanden Konzepte zum Qualitätsmanagement. Dabei ist die zentrale Idee, den Arbeitern mehr Verantwortung für die Qualität zu übertragen, indem sie über die ausschließliche Feststellung der Produkt(ions)qualität hinaus auch in ihre Verbesserung mit einbezogen werden. Dies wird z.B. mit sogenannten Qualitätszirkeln verwirklicht, in denen Arbeiter und Produzenten bzw. Manager gemeinsam die Qualität der Produkte diskutieren und steuern. Ein neuerer Ansatz zum Qualitätsmanagement, der über die Produktion im engeren Sinn hinausgehend auch die Arbeitsbedingungen und Außenbeziehungen der Organisation mit berücksichtigt, wird als „Total Quality Management" bezeichnet. Hier wird Qualität nach Nübling und Schmidt (1998) zur Führungsaufgabe und jeder einzelne Mitarbeiter muss durch die Unternehmensleitung von der „Null-Fehler-Philosophie" überzeugt werden. Neben dem Vorrang der Fehlervermeidung im Vorfeld ist das „Total Quality Management" weiterhin gekennzeichnet durch eine strikte Kundenorientierung – sowohl gegenüber internen als auch externen Kunden (sogenannte „stakeholder"). Interne Kunden sind die Mitarbeiter selbst, externe Kunden sind beispielsweise die Klienten, die Einrichtungsträger oder die Kostenträger.

Im Gesundheits- und Sozialwesen wurden Konzepte zur Qualitätssicherung erst viel später eingeführt (Laireiter & Vogel, 1998), wobei man sich am „Vorbild der industriellen Qualitätssicherung" (S. 19) orientierte. Nach einer auffallend kurzen „Inkubationszeit“ (Speck, 1999, S. 16) setzte ein grundlegender Umwälzprozess ein. Es gibt allerdings auch kritische Stimmen zur Übernahme der Konzepte aus der Industrie (Lohl, 1999). So wird beispielsweise das wirtschaftliche Ziel der Profitmaximierung von Speck (1999) als widersprüchlich zu dem Prinzip des Sozialstaates empfunden. Er befürchtet eine Verdrängung des Sozialen durch eine zu große Marktorientierung. Auch Holländer und Schmidt (1997) berichten von der weit verbreiteten Sorge in der Praxis der Jugendhilfe, dass das Qualitätsmanagement nur als „Kontrollinstrumentarium für die Verwaltung“ (S. 3) dient, um Kosten einzusparen.

Um die beiden Entwicklungsstränge der Beschäftigung mit Qualität miteinander zu verbinden, könnte man mit Mosebach Evaluation „als die Grundlage (den ersten Schritt) der Qualitätssicherung beschreiben“ (1997, S. 221). So würde man der Evaluationsforschung den „Rang“ der Qualitätskontrolle zuweisen, die den IST-Zustand feststellt und bewertet. Maßnahmen zu Qualitätssicherung können anschließend auf diesen Erkenntnissen aufbauen.

Die vielfältigen Aspekte der Qualität können unterschiedlich strukturiert werden. Zurückgehend auf Donabedian (1966) ist heute die Einteilung in Struktur-, Prozess- und Ergebnisqualität auch in der Jugendhilfe weit verbreitet. Neben zahlreichen anderen Autoren hat die Bundeskonferenz für Erziehungsberatung (Gerth et al., 1999) im Rahmen eines vom Bundesministerium für Familie und Senioren, Frauen und Jugend geförderten Projektes zur Qualitätssicherung in der Erziehungsberatung die drei Dimensionen der Qualität genauer definiert. Strukturqualität umfasst demnach dauerhafte notwendige Rahmenbedingungen, unter denen die Beratungsleistung erbracht wird. Zu diesen Arbeitsbedingungen zählen beispielsweise der materielle Rahmen und die personellen Ressourcen. Prozessqualität bezieht sich auf die Art und Weise, wie die Arbeit abläuft und das gewünschte Ergebnis „erzeugt“ wird (Arbeitsprozess). Die Ergebnisqualität thematisiert Wirksamkeit und Effektivität der Beratung. Inwieweit das angestrebte Resultat tatsächlich erreicht wurde, soll über objektiv-fachliche Standards und subjektive Kundenbewertungen festgestellt werden. Dass eine hohe Struktur- quasi automatisch zu einer hohen Prozess- und diese wiederum zu einer hohen Ergebnisqualität führt, konnte bisher empirisch nicht nachgewiesen werden. Eher kann man Struktur- und Prozessqualität als notwendige, aber nicht hinreichende Bedingungen für Ergebnisqualität betrachten, die vielfach die „eigentliche Zielgröße" (Nübling & Schmidt, 1998, S. 53) der Qualitätssicherung darstellt.

2.2 BERATUNG

2.2.1 Erziehungs- und Familienberatung in der Jugendhilfe

Nach Rollett (1998) begannen die ersten öffentlichen Einrichtungen Anfang des 20. Jahrhunderts, sich mit Problemkindern zu beschäftigen. Eine gesetzliche Grundlage für die „Beratung in Fragen der Erziehung" (S. 101) gab es in Deutschland mit dem § 4 des Reichsjugendwohlfahrtsgesetzes von 1922. Seit 1991 werden die Leistungen der Jugendhilfe im Rahmen des Kinder- und Jugendhilfegesetzes (KJHG), achtes Buch des Sozialgesetzbuches (SGB VIII), erbracht. § 27 des KJHG legt fest, dass Sorgeberechtigte bei Bedarf Anspruch auf Hilfe zur Erziehung haben. Nach Wabnitz (1997) spiegelt das KJHG grundlegende Perspektivenwechsel in der Jugendhilfe wider (vgl. auch Petermann, Sauer & Becker, 1997). Erstens steht nun nicht mehr der Schutz der Gesellschaft und der Jugendlichen im Mittelpunkt, sondern präventive und fördernde Angebote zugunsten von Kindern, Jugendlichen und Familien. Zweitens wird das Kind selbst zunehmend als „eigene Rechtspersönlichkeit" gesehen und nicht mehr als „Objekt staatlicher Fürsorge und Inobhutnahme" (S. 295). Bürger (2000) stellt zehn Jahre nach Inkrafttreten des neuen Gesetzes fest, dass ein Wechsel von einem „System der Fürsorge unter dem Primat der Herausnahme von Kindern und Jugendlichen aus stark problembelasteten Familienverhältnissen" (S. 447) hin zu frühzeitiger und weniger eingreifenden, dezentraleren Hilfeformen erfolgte. Nicht-stationäre Erziehungshilfen, wie z.B. Erziehungsberatung, soziale Gruppenarbeit, Erziehungsbeistandschaft und Betreuungshelfer, sozialpädagogische Familienhilfe und Tagesgruppen, werden vermehrt genutzt. Sie haben einen Zuwachs von 83% zwischen 1991 und 1998, während stationäre Hilfen im gleichen Zeitraum einen Zuwachs von 18% haben. Der Anteil der nicht-stationären Hilfen an der Grundgesamtheit aller erzieherischer Hilfen hat sich also deutlich erhöht. Das soziale Umfeld wird stärker eingebunden („Lebensweltorientierung" der Jugendhilfe). Erziehungsberatung ist eine nicht-stationäre, ambulante Leistung der Jugendhilfe, die nach § 28 KJHG geleistet wird. „Beratungseinrichtungen sollen Kinder, Jugendliche und Eltern bei familienbezogenen Problemen, bei der Lösung von Erziehungsfragen und bei Trennung und Scheidung beraten" (Becker & Petermann, 1997, S. 266).

Die Bundeskonferenz für Erziehungsberatung (bke), der Fachverband der Erziehungs- und Familienberatung in Deutschland, schlägt im Rahmen eines vom zuständigen Bundesministerium geförderten Projektes zur Qualitätssicherung in der Erziehungsberatung vor, die Leistungen in drei Bereiche zu klassifizieren: Beratung / Therapie, präventive Angebote und Vernetzungsaktivitäten (Gerth et al., 1999). Der erste Bereich „*Beratung und Therapie*" bildet den Schwerpunkt der Arbeit. Sowohl Eltern als auch Kinder bzw. Jugendliche können sich mit ihren Schwierigkeiten direkt an die Beratungsstellen wenden. Die Klienten kommen aus den unterschiedlichsten Anlässen, häufig treten Erziehungsfragen oder -schwierigkeiten, seelische Probleme, Verhaltensauffälligkeiten, Leistungsprobleme, körperliche Auffälligkeiten und familiäre Krisen auf. Eine große Vielfalt – hier der Beratungsanlässe – ist das besondere Kennzeichen der Beratungsstellen in der Jugendhilfe. Der Entschluss, eine Beratung in Anspruch zu nehmen, fällt (jedoch) nicht immer innerhalb der Familie. Wenn die Entscheidung stark von außerfamiliären Entscheidungsträgern beeinflusst wird, sind die Motivation zur Beratung und die Eigeninitiative häufig nicht besonders stark. In diesen Fällen ist es wichtig, im Erstgespräch ein von allen Seiten akzeptiertes Arbeitsbündnis zu finden, um eine erfolgversprechende Intervention zu ermöglichen. Das Ziel der Beratung ist im Idealfall natürlich eine Beseitigung der Probleme. Häufig geht es allerdings überhaupt erst einmal darum, das Problem genauer zu klären (Diagnostik) und eine Verfestigung oder gar eine Verschlimmerung zu vermeiden. Falls eine Problemlösung – aus welchen Gründen auch immer – nicht möglich ist, sollte den Betroffenen zumindest ein besser Umgang mit dem Problem ermöglicht werden. Für dieses (Teil-) Ziel ist es wichtig, die Klienten über das jeweilige Problem zu informieren, um ein besseres Verständnis für das Problem zu schaffen (Psychoedukation) und Ressourcen der Familie zu mobilisieren.

Die Vielfältigkeit der Beratungsstellen in Bezug auf ihre „externen Kunden" setzt sich bei den „internen Kunden" – den Mitarbeitern – fort. Im § 28 des KJHG ist für Erziehungs- und Familienberatungsstellen ein multidisziplinäres

Team aus Psychologen, Sozialarbeitern, Sozialpädagogen und therapeutisch-pädagogischen Fachkräften rechtlich verankert, das viele verschiedene methodische Kompetenzen zur Verfügung stellen kann. Viele Mitarbeiter haben unterschiedliche Therapieausbildungen (z.B. Familientherapie, systemische Therapie, Verhaltenstherapie, Gesprächspsychotherapie, Psychoanalyse, Gestalttherapie, Psychodrama, körperorientierte Verfahren), so dass sie unterschiedliche Perspektiven in Besprechungen einbringen können. Darüber hinaus empfehlen Gerth et al. (1999) die nebenamtliche Mitarbeit von Ärzten, Rechtsfachkräften und weiteren Spezialisten, wie etwa Logopäden (je nach inhaltlicher Schwerpunktsetzung).

Den zweiten Tätigkeitsbereich der institutionalisierten Beratungsstellen stellen einzelfallübergreifende *„präventive Angebote"* dar. Sie richten sich beispielsweise an Eltern, Erzieher, Lehrer, die Öffentlichkeit oder auch an die Kinder bzw. Jugendlichen selbst. Die Methoden der Vermittlung sind ebenfalls sehr vielfältig: Es werden Elternabende gestaltet, Fort- und Weiterbildungen organisiert, Interviews gegeben, Supervision angeboten, Vorträge oder Podiumsdiskussionen veranstaltet und Projekte durchgeführt. Das Spektrum der Themen ist ähnlich breit. Es reicht von kindlicher Sexualität über faire Konfliktlösung und Gewaltprävention bis zu gemeinsamem Sorgerecht und Kinderarmut. Präventive Maßnahmen sind dadurch gekennzeichnet, dass die Berater auf die „Klienten" zugehen und sie in ihren eigenen Lebenszusammenhängen aufsuchen. Indem die potentiellen Klienten einen Berater vorab in einem informellen Kontext kennenlernen, wird ihre Hemmschwelle gesenkt und der Zugang zu Beratungsstellen im Bedarfsfall erleichtert.

In den dritten Leistungsbereich der Beratungsstellen fallen Aktivitäten, die der *„Vernetzung und Koordination"* von Erziehungsberatungsstellen und anderen regionalen Angeboten dienen. Vernetzung kann mit dem Jugendamt, mit Familienrichtern und Fachanwälten für Familienrecht, mit stationären Einrichtungen, mit der Polizei und Kinderschutzeinrichtungen, mit Trägerverantwortlichen und auch mit wissenschaftlichen Forschungseinrichtungen stattfinden. Diese Leistungen sind – wie auch schon im zweiten Bereich – eher indirekt einzelfallbezogen. Durch ein größeres Wissen der Mitarbeiter um ergänzende Hilfsmöglichkeiten und Strukturen ist eine gezieltere Auswahl der für den jeweiligen Einzelfall angemessenen (und idealerweise in ihrer Wirksamkeit überprüften) Angebote möglich.

Während Gerth et al. (1999) empfehlen, dass etwa ein Viertel der Arbeitszeit präventiven und Vernetzungsaufgaben vorbehalten sein sollte, zeigt der Arbeitsalltag der Beratungsstellen, dass diese gemeinwesenorientierte Arbeit oft nur in geringerem Umfang geleistet werden kann.

2.2.2 Das Klientel der Erziehungs- und Familienberatungsstellen

Das Klientel der bundesdeutschen Erziehungsberatungsstellen lässt sich anhand von Angaben aus der Kinder- und Jugendhilfestatistik des Statistischen Bundesamtes (2000) beschreiben. Demnach nahmen im Jahr 1999 insgesamt 266 952 junge Menschen eine institutionelle Beratung in Anspruch. Die Beratungen dauerten im Durchschnitt sechs Monate (in den alten Bundesländern sieben Monate), wobei keine Angaben zur Häufigkeit der Beratungskontakte gemacht werden.

Die Kontaktaufnahme erfolgte in den allermeisten Fällen durch die Mutter (64.8%), zu 8.5% durch den jungen Menschen selbst, zu 8.0% durch den Vater und zu 7.3% durch beide Eltern gemeinsam. Weiterhin werden soziale Dienste mit 5.4% aufgeführt und „sonstige“ machen 5.9% aus.

Es konnten maximal zwei Beratungsanlässe genannt werden, dabei wurden Beziehungsprobleme bei 38.9% der Beratungen genannt. Entwicklungsauffälligkeiten bzw. Schul-/Ausbildungsprobleme machen 27.6 bzw. 27.0% aus. Trennung/Scheidung der Eltern und sonstige Probleme mit der Familie nennen 21.4 bzw. 20.0% als Anlass für die Beratung. Mit großem Abstand folgen Anzeichen für sexuellen Missbrauch (3.6%), Suchtprobleme (2.7%), Straftaten (2.4%), Wohnungsprobleme (1.2%) und Anzeichen für Kindesmisshandlung (1.1%).

Außerdem werden in der Statistik persönliche Merkmale der Kinder und ihrer Familien erfasst: 57.5% der Kinder sind Jungen, dementsprechend 42.5% Mädchen. Die „Kinder“ sind bis zu 27 Jahre alt, die meisten sind allerdings im Alter zwischen 3 und 18 (Modus = 6 bis 9 Jahre). Sie leben zu 50.2% bei ihren Eltern und zu weiteren 26.8% bei einem alleinerziehenden Elternteil. Mit einem Elternteil und dessen Partner bzw. Stiefelternteil leben 13.6% der Kinder. Insgesamt 4.2% wohnen bei Verwandten, in einer Pflegefamilie oder im Heim. Weitere 4.2% wohnen in einer Wohngemeinschaft oder in einer eigenen Wohnung; ohne feste Unterkunft oder an unbekanntem Ort leben 0.9% der Kinder. Die Kinder wachsen zu 22.2% als Einzelkind auf, ein Geschwisterkind haben 47.4%, zwei Geschwister und mehr haben 30.4%.

Zu den Angaben siehe auch Tabelle 4.1 im Abschnitt „Die Repräsentativität der angeschriebenen Familien“ im Kapitel „Datenerhebung“.

2.2.3 Beratungserfolg

Nach Petermann und Schmidt (2000) besteht weder eine einheitliche Meinung darüber, wodurch eine erfolgreiche Jugendhilfemaßnahme charakterisiert ist, noch dazu, was überhaupt als gelungene Entwicklung bezeichnet werden kann (vgl. auch Schmidt et al., 2000). Nitsch (1997) nennt als weitere beratungsspezifische Probleme die Vielfalt der Fragestellungen und Vorgehensweisen und das Vorliegen ganzer „Klientensysteme“ (vgl. auch Gerth et al., 1999, S. 63f.). Vor diesem Hintergrund wird verständlich, dass „Beratungserfolg“ bis heute nicht einheitlich definiert wird und dass es kein Standardinstrument zur Erfassung der Ergebnisqualität gibt (Gerull & Post, 1999; Nitsch, 1997). Petermann, Sauer und Becker (1997) schlagen vor, Erkenntnisse aus angrenzenden Bereichen (z.B. Kinder- und Jugendpsychiatrie, Klinische Kinderpsychologie) einzubeziehen. Es sollten gemeinsame Evaluationskriterien entwickelt werden, um in Zukunft einen Vergleich zwischen den Bereichen zu ermöglichen. Lohl (1999) hält es weiterhin für erforderlich und angemessen, auf Ergebnisse der Psychotherapieforschung Bezug zu nehmen (S. 255). Spöhring und Hermer (1998) empfehlen, dass man generell „Versuche, die Ergebnisse psychiatrischer und psychotherapeutischer Arbeit zu überprüfen, beim derzeitigen Wissensstand breit anlegen“ (S. 572) sollte. Die entscheidenden Dimensionen der Ergebnisqualität sind für sie eine Veränderung des Zustands, die Lebensqualität und sowohl die Patienten- als auch die Angehörigenzufriedenheit. Dies lässt sich plausibel auf den Bereich der Jugendhilfe übertragen. Weitere Autoren messen Erfolg in eigenen Studien mehrdimensional bzw. setzen sich dafür ein, ihn mehrdimensional zu erfassen (z.B. Frank & Fiegenbaum, 1994; Gerth et al., 1999; Kawski & Koch, 1999; Nitsch, 1997; Sakowski & Kämmerer, 1986; Schmidt et al., 2000;

Schulte, 1993; Seligman, 1995). Neben den oben genannten Dimensionen werden von diesen Autoren u.a. folgende Kriterien vorgeschlagen bzw. verwendet: Änderung des Familienklimas, Zielerreichung, psychosoziale Problemlage, Funktionsniveau, Belastung. Eine Auswahl wichtiger Ergebnisdimensionen wird nun detaillierter vorgestellt.

2.2.3.1 Veränderung der Probleme

Das Kriterium der Symptomreduktion ergibt sich direkt aus den Tätigkeitszielen der Beratung (Lohl, 1997, S. 69) und spielt daher eine wichtige Rolle bei der Beratungsarbeit. Während es früher oft als einziges Kriterium für einen Beratungserfolg gebraucht wurde, ist es jetzt durch den zunehmenden Einfluss des systemischen und des ganzheitlichen Denkens zu einem wichtigen Kriterium unter anderen geworden. Eine Verbesserung des Problems kann sich darin zeigen, dass das Problem eine geringere Auftretenshäufigkeit und/oder eine geringere Ausprägungsstärke aufweist.

2.2.3.2 Lebensqualität

In verschiedenen Fachgebieten der Medizin setzt sich nach Schmeck (1998) seit Beginn der Achtzigerjahre immer mehr die Erkenntnis durch, dass nicht jede medizinische Maßnahme, deren Wirksamkeit anhand objektiver Erfolgskriterien, wie z.B. Überlebensraten oder Symptomreduktion, nachgewiesen ist, vom Patienten auch individuell als erfolgreich erlebt wird. Trotz des rasanten medizinischen Fortschritts, der für viele Krankheiten neue Therapieverfahren zur Verfügung stellte, gelangte man zu der „ernüchternden Erkenntnis“ (S. 196), dass die Zufriedenheit der Betroffenen nicht in gleichem Maße zunahm. So wird beispielsweise in der Onkologie (siehe auch Flechtner, 1998), der Schmerztherapie oder auch der Psychiatrie darüber diskutiert, wie der Erfolg über fachlich-medizinische Kriterien hinaus so erfasst werden kann, dass Auswirkungen der medizinischen Maßnahmen auf die Erfolgswahrnehmung des Patienten berücksichtigt werden. Ausgelöst durch die Kritik, dass eine ganzheitliche Sicht des Patienten bei der Erfolgsbewertung keine angemessene Berücksichtigung findet, bediente man sich des aus den Sozialwissenschaften schon bekannten Konzeptes der Lebensqualität, um den Behandlungserfolg umfassender festzustellen. Während dieses Konzept in den Sozialwissenschaften starke gesellschaftliche, materielle und politische Bezüge hat (siehe auch Bellebaum & Barheier, 1994), wurde in der Medizin der Begriff der „gesundheitsbezogenen Lebensqualität“ geprägt. Mittlerweile besteht zwar weitgehend Einigkeit darüber, dass Lebensqualität als Bewertungskriterium für den Erfolg einer Behandlungsmaßnahme berücksichtigt werden sollte, aber es gibt (noch) keine einheitliche Definition des Konzeptes (Schmeck, 1998). Daher bleibt der Begriff der Lebensqualität bisher zwangsläufig noch unscharf. So lagen 1995 etwa 800 verschiedene Messinstrumente zur Erfassung von Lebensqualität vor (Weber, 1995). In Anlehnung an die Definition von Gesundheit der Weltgesundheitsorganisation (WHO, 2001) stimmen viele Autoren (z.B. Bullinger & Ravens-Sieberer, 1995; Flechtner, 1998; Schmeck, 1998) inzwischen darin überein, dass eine (operationale) Definition von Lebensqualität folgende Komponenten enthalten sollte: psychisches Befinden, körperliche Verfassung, soziale Beziehungen sowie die Funktionsfähigkeit im alltäglichen Leben. Ludwig (1991) führte eine offene Befragung von betroffenen Laien durch, die sie als die „eigentlichen Experten zum Thema Lebensqualität“ (S. 26) ansieht. Das Material zu den subjektiven Lebensqualitätstheorien wurde anschließend mit Hilfe der qualitativen Inhaltsanalyse nach Mayring ausgewertet. Es zeigte sich, dass die Antworten (über verschiedene Stufen der Abstrahierung) den vier Lebensqualitätsdimensionen der Experten zugeordnet werden konnten. Über eine zusätzliche Befragung an weiteren Stichproben (Gesunde, kardiovaskuläre und onkologische Patienten) konnte weiterhin gezeigt werden, dass sowohl Gesunde und Kranke als auch Patienten mit unterschiedlichen Krankheiten Lebensqualität (auf dem Abstraktionsniveau der Dimensionen) vergleichbar definieren. Diese Studie unterstützt die „Expertendefinition“ mit den vier Dimensionen und spricht für eine krankheitsübergreifende Konzeptualisierung von Messinstrumenten.

Während die Beschäftigung mit der Lebensqualität Erwachsener stark in Mode gekommen ist (Bellebaum, 1994), sieht die Lage anders aus, wenn man die Lebensqualität von Kindern oder Jugendlichen betrachten will. Schmeck (1998) stellt für die Kinder- und Jugendpsychiatrie fest, „dieses Thema scheint in unserem Fachgebiet bisher nicht zu existieren“ (S. 195). Auch seine Literaturrecherche in einschlägigen Datenbanken bleibt ohne Erfolg. Ermutigendere Ergebnisse können Bullinger und Ravens-Sieberer (1995; vgl.

auch Mattejat & Remschmidt, 1998b) aufführen, die ihre Suche mit der Unterstützung des Deutschen Instituts für Medizinische Dokumentation und Information (DIMDI) durchführten. Sie durchsuchten mehrere Datenbanken für den Zeitraum von 1964 (erste Nennung des Begriffs Lebensqualität) bis 1995 und fanden schließlich 320 deutsch- oder englischsprachige Veröffentlichungen, die sich speziell mit dem Thema Lebensqualität von Kindern in der Medizin auseinandersetzen (es gibt 23 257 Veröffentlichungen zum Thema Lebensqualität, davon beziehen sich 13% auf Kinder). Empirische Arbeiten sind darunter eher selten vertreten (60% sind theoretische Arbeiten) und häufig wird die Lebensqualität nicht mehrdimensional erfasst. Es gibt nur wenige Verfahren, die speziell die gesundheitsbezogene Lebensqualität erfassen, und diese existieren vor allem im angloamerikanischen Sprachraum (11 Messinstrumente). Für den deutschen Sprachraum wurden drei Instrumente gefunden.

Die Beschäftigung mit der Lebensqualität von Kindern lehnt sich eng an die Überlegungen zur Lebensqualität Erwachsener an. Obwohl beispielsweise die Literatur zum Gesundheitsbegriff von Kindern nahe legt, dass diese das Konstrukt anders beschreiben als Erwachsene, wird die Definition für Lebensqualität (ohne empirische Grundlage) aus dem Erwachsenenbereich übernommen. Während bei Erwachsenen die Bedeutung der subjektiven Selbstbewertung betont wird, zeigt der Literaturüberblick, dass – insbesondere bei jüngeren Kindern – Fremdbeurteilungsverfahren noch immer die Regel sind. Dies weist auf ein besonderes methodisches Problem der Forschung zur Lebensqualität von Kindern hin: Wer soll befragt werden? Mattejat et al. (1998) entscheiden sich beispielsweise, die Kinder selbst, die Therapeuten und die Eltern zu befragen. Sie unterscheiden zwischen einer „objektiven" Lebensqualität, die die Handlungs- und Funktionsfähigkeit in sozialen, psychischen und physischen Bereichen betrifft, und einer „subjektiven" Lebensqualität, die sich auf Wohlbefinden und Zufriedenheit in diesen Bereichen bezieht. Kinder machen Angaben zur subjektiven und Therapeuten zur objektiven Lebensqualität. In die Bewertung der Eltern gehen sowohl subjektive als auch objektive Aspekte ein.

2.2.3.3 *Belastung von Kind, Eltern und Familie*

In einem engen Zusammenhang mit der Lebensqualität steht die Belastung von Kindern, Eltern und der Familie durch das Problem. Mattejat et al. (1998) sehen sie sogar als eine Komponente der Lebensqualität. Die Verringerung der Belastung stellt einen wichtigen Erfolg dar, insbesondere wenn es sich um ein Problem handelt, dass nicht gelöst bzw. geheilt werden kann. Die Vermittlung von Informationen über das Problem sollte einen besseren Umgang bzw. bessere Copingstrategien ermöglichen. Nach Grawe (1998, S. 533ff.) können solche Klärungs- und Bewältigungserfahrungen bereits positiv auf das subjektive Kontrollgefühl wirken und Hilflosigkeitsgefühle dem Problem gegenüber vermindern. Die Belastung kann also geringer werden, ohne dass sich die Symptomatik (zuvor) verbessert. Sie kann daher als weitere Dimension des Beratungserfolges aufgefasst werden.

2.2.3.4 *Zufriedenheit*

Im Dienstleistungsbereich der Wirtschaft stellt die Kundenzufriedenheit einen anerkannt wichtigen (und oft auch den einzigen) Indikator für die Ergebnisqualität dar. Sie bildet die Grundlage für Kundentreue/-bindung und ermöglicht so große Einsparungen im Bereich von Werbung und Akquisition (Braun, 1999; Eversheim, 1997). Da konsumentenorientierte Konzepte zum Qualitätsmanagement aus der Marktwirtschaft dem Gesundheitsbereich als Vorbild dienten, wurde die Zufriedenheitserfassung in Patientenbefragungen an Krankenhäusern übernommen (Spießl, Cording & Klein, 1997). In den USA gehören Umfragen zur Kundenzufriedenheit im „mental health"-Bereich bereits seit längerer Zeit zum Standard (Lebow, 1982). Spießl et al. stellen dahingegen erst 1997 fest, dass die Patientenzufriedenheit „nun auch in Deutschland" (S. 761) einen höheren Stellenwert als Kriterium der Ergebnisqualität medizinischer Versorgung erhält. Teilweise wurde und wird die Zufriedenheit als einziges Kriterium für Ergebnisqualität von den Patienten erfragt.

Einige Autoren sehen diese Entwicklung allerdings kritisch (z.B. Leimkühler & Müller, 1996). Die Patientenzufriedenheit sei wegen methodischer und theoretischer Defizite „kein gültiger Indikator für die Qualität ihrer Versorgung" (S. 772). Zu den methodischen Defiziten vgl. auch Lebow (1982). Es folgen zwei

Beispiele für theoretische Defizite, die durch die unkritische Übernahme von konsumentenorientierten Konzepten aus der Marktwirtschaft bedingt sind: Erstens ist Kundentreue im psychosozialen Bereich eigentlich kein anzustrebendes Ziel (Braun, 1999), denn hier „geht es gerade darum, daß der „Kunde“ nicht wiederkommt“ (S. 139). Die Leistungsqualität zeigt sich darin, dass er möglichst gesund und unabhängig von ständiger Hilfeleistung entlassen werden kann. Zweitens kann dieses (fachlich begründete) Ziel unter Umständen den Zielen der Klienten entgegenstehen – Stichwort „sekundärer Krankheitsgewinn“ – so dass deren Zufriedenheit trotz fachlicher Zielerreichung gering ausfällt. Es zeigt sich allerdings, dass die Zufriedenheit allgemein sehr hoch und eher unabhängig von objektiven Verbesserungen ist – womöglich haben verschiedene Antworttendenzen, wie z.B. die soziale Erwünschtheit, bei der Messung einen großen Einfluss (Spießl et al., 1997).

Die teilweise berechtigten Bedenken reichen nach Lebow (1982) jedoch nicht aus, um die Patientenzufriedenheit als Aspekt der Ergebnisqualität generell abzulehnen. Spießl et al. (1997) kommen nach eigenen Untersuchungen zu dem Schluss, dass die Zufriedenheit der Patienten als Meinungsäußerung gültig und ernst zu nehmen ist. Eine Möglichkeit, dem Problem den unplausibel hohen Werten und der geringen Varianz zu begegnen, besteht darin, die Zufriedenheit nicht global, sondern bezüglich einzelner Aspekte differenziert zu erfassen (Lebow, 1982; Spöring & Hermer, 1998). So gemessen kann sie einen Beitrag zur Erfassung der Ergebnisqualität leisten. Lebow (1982) empfiehlt die Erfassung der Patientenzufriedenheit als eine wichtige Datenquelle im Rahmen einer „multimethod treatment evaluation“ (S. 244) in Kombination mit weiteren Ergebnisindikatoren.

2.2.4 Auswahl von Studien zur Evaluation von Beratung in der Jugendhilfe

Die professionelle Qualität von sozialen Dienstleistungen zu sichern und zu verbessern ist nach Speck (1999) „keine neue Erkenntnis und Aufgabe“ (S. 18). So wurden spezifische Aspekte der Jugendhilfe schon vor der Einführung des KJHG in den Neunzigerjahren hinsichtlich ihrer Qualität viel diskutiert (Holländer & Schmidt, 1997; Merchel, 2000). Nach Mosebach (1997) wünschen sich auch die Mitarbeiter selbst, soziale Arbeit mit Qualität zu leisten. Dies wurde traditionell vorwiegend mit Hilfe nicht-empirischer Maßnahmen umgesetzt, wie z.B. Supervision, Richtlinien für Aus-, Fort- und Weiterbildung, Jahresberichte. Empirische Forschung findet dagegen zum Feld „Jugendhilfe“ immer noch schwer Zugang (Hohm & Petermann, 2000). Viele Autoren verweisen dementsprechend darauf, dass bisher nur wenige Studien zur Jugendhilfe vorliegen (Hohm & Petermann, 2000; Petermann et al., 1997; Petermann & Schmidt, 2000; Schmidt, 2000), nochmals spärlicher sind darunter Studien, die sich speziell mit Erziehungsberatung befassen (Knab & Macsenaere, 1997; Schmidt & Hohm, 1997). Es kann vermutet werden, dass Einrichtungen ihre hauseigenen Studien – falls sie überhaupt welche durchführen – wegen des damit verbundenen Aufwands selten in wissenschaftlichen Fachzeitschriften veröffentlichen (z.B. die Studie von Popp-Wilhelmy, 1996), denn nach Coughlan (2001) übersteigt schon die wissenschaftlich solide empirische Auswertung einer Maßnahme zur Verbesserung der Prozessqualität die Kapazitäten seiner Beratungsstelle. In einer Übersichtsarbeit schreibt Heekerens (1998), dass ihm 12 katamnestische Studien zur Wirksamkeit von Erziehungsberatung in Deutschland bekannt sind. Quasiexperimentelle Evaluationsstudien konnte er nur in den USA finden (drei Arbeiten). Einige solcher Studien werden im Folgenden dargestellt.

2.2.4.1 Katamnestische Untersuchung an einer öffentlichen Erziehungsberatungsstelle von 1965

Hege und Bichlmaier veröffentlichten 1965 die detaillierte Beschreibung einer katamnestischen Evaluation einer öffentlichen Erziehungsberatungsstelle in München. Für damalige Verhältnisse war die Untersuchung sehr aufwändig. Sie erforderte „eine Arbeitsleistung, die in Grad und Art die Kräfte zweier in der Praxis stehenden Psychologen übersteigt“ (S. 97). Die Durchführung gelang nur mit einer Reihe von Helfern, denn alle Rechnungen wurden per Hand durchgeführt! Zunächst beschäftigten sie sich mit einer Reihe von Bedenken, die auch heute noch aktuell sind: Wann ist der richtige Zeitpunkt für eine Nachbefragung? Was ist mit den Nicht- Erfassten (der Teil, der nicht an der Befragung teilnimmt, und der Teil, der gar nicht erst zur Beratung kommt)? Gibt es überhaupt sichere Kriterien für einen Beratungserfolg? Hat sich die Entwicklung wegen, trotz oder unabhängig von der Beratung vollzogen? Da die Beratungsstelle (erst) seit 1957 existierte, entschieden sie sich dafür, die ersten fünf Jahre der Beratungsarbeit zu evaluieren, so dass Fälle bis 1962 in die Untersuchung aufgenommen wurden. Dabei haben sie nur diejenigen Fälle mit einbezogen, die in Familien leben, so dass der Heimberatungsbereich ausgeschlossen war. Für die Befragung wurde ein Fragebogen entwickelt, der nach einem Prätest nochmals vereinfacht wurde. Um die Rücklaufquote zu erhöhen, wurden möglichst viele Familien telefonisch befragt. Den anderen wurde der Fragebogen zugeschickt. Wenn sie nicht antworteten, wurde mit ihnen ein Hausbesuch zum Bearbeiten des Fragebogens verabredet. Einige Fälle mussten wegen unvollständiger Daten aussortiert werden. Letztlich konnten 436 Fälle ausgewertet werden. Dies bedeutet eine sehr gute Rücklaufquote von 82%.

Für die Evaluation wurden eine ganze Reihe von Variablen zur Stichprobenbeschreibung erhoben und quantitativ ausgewertet. Die meisten Familien haben eher einen hohen Sozialstatus (Akademiker, höhere Beamte, mittlere Angestellte). 50% der Eltern haben eine bestehende Ehe, 15% sind geschieden, 13% leben mit einem neuen Partner. 31% der Mütter sind ganztags berufstätig. 40% kommen aus eigener Initiative, weiterhin werden Schule/Kindergarten/Hort, Pfarrer, Fürsorge, Heim, Arzt und andere Beratungsstellen genannt. 76% der Kinder sind zwischen 6 und 15 Jahren alt. Die meisten Kinder sind normalbegabt. Genannte neurotische Symptome reichen beispielsweise von Lügen, Stehlen, Streunen über Einnässen/Einkoten, Nägelbeißen, Daumenlutschen bis zu Nachtangst, zwanghaften und depressiven Tendenzen. Bei 66% wurde eine Elternberatung durchgeführt, 31% wurden mehrmals beraten. Für den Beratungserfolg wurden mehrere Kriterien überprüft. So wurde festgestellt, ob sich erstens die Diagnose bewahrheitet hat, inwieweit die Eltern zweitens die Beratung akzeptiert haben und sich nach den Ratschlägen richteten („objektiver Beratungserfolg"), die Beratung ihnen drittens eine Hilfe gebracht hat („subjektiver Beratungserfolg") und wie viertens der weitere Entwicklungsverlauf des Kindes war. Alle Erfolgskriterien wurden dreistufig erfasst (positiv – teils/teils – negativ) und „mit Hilfe von Strichlisten ausgezählt" (S. 103). In 86% der Fälle hat sich die Diagnose bestätigt, bei 3% wurde eine falsche Diagnose gestellt. Die Erziehungsberater stellen in 50% der Fälle einen „objektiven" Beratungserfolg fest. Die subjektive Beurteilung der Eltern liegt etwas darüber: 60% geben an, dass ihnen die

Beratung eine Hilfe gebracht hat. Die weitere Entwicklung verläuft in 65% der Fälle positiv, bei 10% ist der Entwicklungsverlauf negativ.

Weiterhin wurden „Kombinationen ausgezählt" (S. 103), d.h. die Erfolgskriterien wurden mit den soziodemographischen Angaben gekreuzt. Ursprünglich war auch beabsichtigt, die Signifikanz von beobachteten Abweichungen zu berechnen. „Da es sich dann zeigte, daß Berechnungen dieser Art äußerst aufwendig und vom Methodischen her sehr verwickelt sind" (S. 103), entschieden sie sich zu einer tabellarischen Darstellung. Zum Vergleich wurden die entsprechenden Prozentzahlen der Gesamtverteilung oder die errechneten Erwartungswerte angegeben. Bei eigener Initiative zur Beratung und bei Akademikern oder selbständigen Berufen waren sowohl der subjektive als auch der objektive Beratungserfolg größer und der weitere Entwicklungsverlauf positiver. Hege und Bichlmaier stellten fest, dass die Freiwilligkeit eine wichtige Rolle für den Beratungserfolg spielt. „Eine verordnete Erziehungsberatung hat von vorneherein sehr viel weniger Aussicht auf Erfolg" (S. 146). Für den größeren Erfolg unter den Akademikern kommt als Erklärung deren größere Bildung in Frage. Sie sind vertrauter damit, Probleme durch Gespräche (die standardmäßige Hilfe einer Beratungsstelle) zu lösen, als jemand, „der sein Geld mit der Arbeit seiner Hände verdient" (S. 146). Der Erfolg bei Arbeitern könnte eventuell verbessert werden, indem ein flexiblerer, individuell angemessener Beratungsstil eingesetzt wird.

Das Interessante an dieser Studie ist der große Unterschied zu heutigen Studien, die mit Computern und Statistiksoftware arbeiten. Die Forscherinnen nutzen die beschränkten Rechenmöglichkeiten gut aus, schildern ihr Vorgehen detailliert und machen kreative Vorschläge für die Beratungspraxis. Die zu Beginn genannten Bedenken sind auch heute noch aktuell: Wie definiert man Beratungserfolg, wie kann man sicherstellen, dass der beobachtete Erfolg tatsächlich auf die Beratung zurückzuführen ist etc. Ein Kritikpunkt an der Studie ist, dass nicht immer ganz klar wird, woher die Angaben stammen, ob von den Eltern, aus den Akten, aus der eigenen Erinnerung oder von Dritten (z.B. Fürsorgerin). Teilweise werden einfach die „altmodischen" Verhältnisse bei einer evangelischen Erziehungsberatungsstelle im München der Sechzigerjahre deutlich, so werden „Mutter und Kind gemeinsam einbestellt" (S. 98), es wird nur nach der Berufstätigkeit der Mutter nicht jedoch nach der des

Vaters gefragt, etwa ein Viertel der Familien werden vom Pfarrer geschickt (eine Kategorie, die in der aktuellen Statistik der Kinder- und Jugendhilfe [1999] nicht extra aufgeschlüsselt wird), „streunen" und „onanieren" zählen als behandlungsbedürftige neurotische Symptome.

2.2.4.2 *Katamnestische Untersuchung zum Therapieerfolg von Erziehungsberatung – eine Diplomarbeit*

Sakofski und Kämmerer (1986) stellten eine katamnestische Untersuchung vor, die Sakowski 1984 im Rahmen ihrer Diplomarbeit zur Evaluation von Erziehungsberatung durchgeführte. In dieser Studie wurde die Arbeit der Erziehungsberater als Psychotherapie verstanden, die je nach Ausbildung der Therapeuten an strukturell-familientherapeutischen, gestalttherapeutischen oder analytischen Grundlagen orientiert war. Entsprechend dieser Definition von Beratungsarbeit sollte insbesondere der langfristige Therapieerfolg erfasst werden. Um die Besonderheiten der Evaluation von Erziehungsberatung zu berücksichtigen, mussten verschiedene spezifische Probleme beachtet werden, die in dieser Form bei den „klassischen" Effektivitätsstudien der Psychotherapieforschung keine Rolle spielen. Erstens war zu klären, wer die Zielperson der Beratung ist: In Psychotherapiestudien ist dies selbstverständlich der therapierte Patient und auch bei den Evaluationen von Erziehungsberatung bis in die Siebzigerjahre fällt auf, dass die Symptombehandlung des Kindes im Vordergrund stand. Diese Studie versuchte dagegen einen stärker systemisch orientierten Standpunkt einzunehmen. Zweitens war der Zeitpunkt der Nachbefragung sorgfältig zu erwägen, denn in der Forschungsliteratur ist keine einheitliche Empfehlung vorhanden. Hier mussten insbesondere entwicklungsbedingte Reifungsprozesse, Spontanheilungen und nicht-therapeutische zwischenzeitliche Ereignisse berücksichtigt werden, die die interne Validität von katamnestischen Untersuchungen mit Kindern beeinträchtigen können. Eine Kernfrage stellte drittens die Definition des Therapieerfolgs dar. Während viele Studien hier eher oberflächlich und global vorgehen, wurde der Therapieerfolg bei Sakofski und Kämmerer bewusst mehrdimensional erfasst. Sie nannten vier Kriterien, an denen der Erfolg der Intervention festgemacht wurde. Dies waren die Veränderung der Symptomatik, eine systemisch orientierte Verbesserung der familiären Beziehungen, die subjektive Zufriedenheit mit der Beratung, die auch diskrepant zur Problemverbesserung sein kann, und das Ausmaß der Zielerreichung, wobei unterschieden wurde zwischen Klienten-, Therapeuten- und gemeinsamen Zielen.

Da die aus der Forschungsliteratur bekannten Fragebögen für Einzeltherapien Erwachsener konstruiert und somit für den Zweck dieser Studie unbrauchbar waren, entwickelten Sakofski und Kämmerer zwei eigene Fragebögen, mit denen sowohl Klienten als auch Therapeuten befragt werden können. Die Klientenfragebögen richteten sich an die Eltern und erfassten den langfristigen Therapieerfolg, externe Ereignisse und interferierende Behandlungen, die den Therapieerfolg möglicherweise beeinflussen. Idealerweise sollten auch die Kinder selbst befragt werden, dem stehen aber verschiedene Probleme wie z.B. ein zu geringes Alter der Kinder oder „pubertäre Ablösungsbestrebungen" der Jugendlichen entgegen. Die Therapeuten wurden nach bestimmten Interventions-, Therapeutenmerkmalen und demographischen Daten der Klienten gefragt. In der Untersuchung konnten die Angaben zu 70 Klientenfamilien ausgewertet werden, deren Beratung zwischen einem und zwei Jahren zurück lag und sich auf jeweils mindestens ein Elternteil und ein Kind bezog. Anhand der von allen 156 angeschriebenen Familien vorliegenden Therapeutenangaben konnte die Repräsentativität der untersuchten Stichprobe („Antworter") hinsichtlich relevanter Merkmale für den Therapieerfolg gezeigt werden.

Die Ergebnisse zur Effektivität der Erziehungsberatung/Therapie stehen mit den gängigen Befunden der Psychotherapieforschung in Einklang. So geben die meisten Klienten an, dass sich Verbesserungen bei mehreren der Erfolgskriterien ergeben haben. Die größten Erfolge gab es bei der Symptomveränderung, hier berichten 78% der Klienten über mehr oder weniger starke Verbesserungen. Bei den familiären Beziehungen geben 63% eine Verbesserung an und keine Familie berichtet über Verschlechterungen. Etwas schlechter, aber insgesamt auch noch positiv schneiden die Veränderungen der ehelichen Beziehung und der Konfliktlösefähigkeit der Familie ab. Mehr als die Hälfte der Klienten ist mit der Beratung zufrieden, gerade mal 5% geben an, gar nicht zufrieden zu sein. Nur 10% der Klienten sind der Ansicht, dass die gemeinsamen Therapieziele nicht erreicht wurden – dies ist, wie vorher angenommen, tatsächlich diskrepant zu dem Ergebnis, dass für 22%

der Klienten keine Problemveränderung oder sogar eine Verschlechterung stattgefunden hat. Neben dem Beratungserfolg wurde auch noch anderen Fragestellungen nachgegangen. So zeigte sich, dass das Klientel überwiegend aus unteren Sozialschichten stammte. Es ergab sich aber kein Zusammenhang mit dem Therapieerfolg. Dies widerspricht den Annahmen, dass sogenannte Non-Yavis Klienten eher relativ ungünstige Erfolgsprognosen haben und dass die Erziehungsberatung vor allem höhere Bevölkerungsschichten erreicht. Auch für andere soziodemographische Variablen (Alter, Geschlecht, Geschwisterposition, Geschwisteranzahl) ließ sich kein Zusammenhang mit dem Therapieerfolg zeigen. Einzig die Motivation des Kindes zur Beratung korreliert mit den Erfolgskriterien, insbesondere mit einer Symptomveränderung. Von den erfassten Therapiemerkmalen korreliert nur die Therapiedauer (zwischen 2 und 170 Stunden) mit dem Therapieerfolg. Das Vertrauen zum Therapeuten korreliert signifikant positiv mit dem Beratungserfolg, insbesondere mit der Zufriedenheit. Auch der Transfer in den Alltag weist eine positive Korrelation mit dem Therapieerfolg auf. Alle Klienten, die einen maximalen Therapieerfolg mit Verbesserungen bei allen Erfolgskriterien angeben (11%), führen diesen Erfolg auch auf die Therapie zurück. Die Klienten mit minimalem Therapieerfolg (9%) führen dies zu einem Drittel auf externe Ereignisse und zu zwei Dritteln auf die falsche Beratung zurück.

Nach den Autorinnen hat es sich bewährt, die Erfolgskriterien so differenziert zu erfassen. Leider konnten keine kausalen Aussagen über die Zusammenhänge zwischen den einzelnen Kriterien gemacht werden. Interessant ist das Ergebnis, dass der Einfluss externer Ereignisse auf den Beratungserfolg geringer ausfällt als befürchtet. Eine Beeinträchtigung der Aussagekraft der Ergebnisse kommt dadurch zustande, dass das Ausmaß der Verzerrungstendenzen im Klientenfragebogen unklar ist und dass die Repräsentativität der Stichproben nur über die Therapeutenangaben überprüft werden konnte.

2.2.4.3 Die Klientenbefragung in den Caritas-Erziehungsberatungsstellen der Erzdiözese Freiburg

Die Arbeitsgemeinschaft der Psychologischen Beratungsstellen im Diözesan-Caritasverband Freiburg empfahl „ihren“ Beratungsstellen 1994, ergebnisorientierte Klientenbefragungen im Rahmen katamnestischer Untersuchungen durchzuführen (Nitsch, 1997). Dies führte zu der Notwendigkeit, ein für alle Probleme, Vorgehensweisen und Einrichtungen passendes, kurzes und einfaches Erhebungsinstrument zu finden. Da ein solches Instrument in der (Forschungs-) Literatur nicht existierte, wurde ein Fragebogen entworfen, der zwar einerseits aus den oben genannten Gründen möglichst allgemein gehalten wurde, andererseits aber unterschiedliche Aspekte des Beratungserfolgs (prozessorientierte Zufriedenheitsaspekte und ergebnisorientierte Veränderungsaspekte) differenziert erfassen sollte. Die Befragung sollte anonym durchgeführt werden. Die Klienten sollten zu mindestens zwei Kontakten in der Beratungsstelle gewesen sein und die Beratungen sollten – da ja Katamnesen empfohlen wurden – abgeschlossen sein. Die Rücklaufquote bewegte sich für die verschiedenen Beratungsstellen zwischen 40 und 60%. Da zur Wahrung der Anonymität auf Erinnerungsschreiben und andere Maßnahmen zur Erhöhung des Rücklaufes verzichtet wurde, ist dies als ein sehr gutes Ergebnis zu werten. Einige Beratungsstellen setzten nur ausgewählte Fragen ein, daher standen für die Gesamtauswertung (je nach Frage) zwischen 290 und 443 Fragebögen zur Verfügung. Nitsch weist darauf hin, dass mit einer positiven Verzerrung der Daten zu rechnen ist, weil für solche Untersuchungen bekannt sei, dass die Antwortbereitschaft mit steigender Unzufriedenheit abnehme.

Die Klienten geben ein „außerordentlich hohes Maß der Zufriedenheit" (S. 363) mit dem Beratungsverlauf an, auch das Beratungsergebnis wird sehr positiv beurteilt. Die Frage, die die geringste Zustimmung fand, war mit immer noch 80% überwiegender Zustimmung die Frage, ob die Probleme gelöst sind. Die Klienten schrieben meist positive Bemerkungen bei den offenen Fragen und nur wenige Fragebögen enthielten kritische Bemerkungen. Die positiven Bemerkungen beziehen sich vor allem auf die Prozessvariablen „Angenommen werden und Verständnis finden" und „Sich aussprechen können". Unter den kritischen Bemerkungen nimmt die Unzufriedenheit mit den zeitlichen Rahmenbedingungen mit Abstand den ersten Platz ein: Die Klienten würden wohl gerne schneller, länger und intensiver beraten werden. Allgemein fällt bei den Anmerkungen auf, dass sie sich meist auf die „menschliche Begegnung und Beziehungserfahrungen" (S. 366) beziehen. Dieser Befund steht im Gegensatz zu der oft vermuteten und in anderen Untersuchungen festgestellten Erwartung, vor allem direkte Ratschläge zu bekommen. Diese Ergebnisse sind insofern typisch, als nur eine kleine Minderheit mit der Beratung unzufrieden ist und sie auch als nicht erfolgreich betrachtet. Weiterhin ist die Zufriedenheit größer als das Ausmaß der wahrgenommenen Problemverbesserung. Beziehungsvariablen wird eine große Wichtigkeit zugesprochen und kritisiert wird die mangelnde Verfügbarkeit der Beratung (lange Wartezeiten, kurze Beratungsdauer, geringe Intensität). Dass die Ergebnisse so gut mit bisherigen Untersuchungen übereinstimmen, nimmt Nitsch (1997) als eine „Art Reliabilitätsnachweis" (S. 369), da der Fragebogen ja leider weder standardisiert noch überprüft ist.

2.2.4.4 Die Jugendhilfe-Effekte-Studie (JES)

Knab und Macsenaere (1997) stellten eine 1996 angelaufene (und damals noch nicht beendete) sehr umfassende prospektive Studie vor, die verschiedene Angebote der Jugendhilfe längsschnittlich untersucht und einen Vergleich der verschiedenen Maßnahmen ermöglicht. Es werden Erziehungsberatung, Erziehungsbeistandschaft/Betreuungshelfer, sozialpädagogische Familienhilfe, Erziehung in Tagesgruppen und Heimerziehung mit einbezogen. Die Studie wird mit einer Stichprobe von 250 Kindern zwischen 5 und 13 Jahren multizentrisch in verschiedenen Bundesländern durchgeführt. Die Datenerhebung erfolgt jeweils zu vier Messzeitpunkten (zu Beginn, nach der Hälfte, zu Ende und ein Jahr nach der Hilfe) bei den Hilfedurchführenden und den Hilfesuchenden (Kinder und Familien) per Interview oder Fragebogen. Erhoben werden Daten zur psychosozialen Problemlage und zur Prozess- und Ergebnisqualität der Hilfeplanung. Ziel ist die Optimierung von Angeboten der Jugendhilfe über einen Praxistransfer der Ergebnisse.

Schmidt (2000) hat (vorläufige) erste Ergebnisse veröffentlicht. Danach nahmen 233 Kinder und Familien an der Studie teil, auf Erziehungsberatungsstellen entfielen 44 Hilfen. Sie dauern im Mittel 55 Wochen (Median bei 49 Wochen). 19% werden vorzeitig abgebrochen. Die Strukturqualität von Erziehungsberatungsstellen erreicht mittlere Werte, denn das Leistungsspektrum ist nicht so breit wie bei anderen Jugendhilfemaßnahmen. Es zeigt sich ein positiver Zusammenhang zwischen der Größe einer Einrichtung und der Ausprägung ihrer Strukturqualität bzw. ihres Leistungsspektrums. Obwohl eine gute Strukturqualität allgemein als notwendige, jedoch nicht hinreichende Voraussetzung für Prozess- (und Ergebnis)qualität gilt, zeigt sich für die kleineren Einrichtungen keine schlechte Prozessqualität, da sie mit ihrem schlanken Management und flachen Hierarchien die Qualität ihrer Arbeit besser kontrollieren und, wenn nötig, auch schneller korrigieren können. Im Vergleich mit den anderen Hilfearten sind die Kinder und Familien der Erziehungsberatungsstellen am geringsten belastet. Gleichzeitig sind die Ressourcen im Umfeld dieser Kinder relativ hoch, so dass ihre Prognosen am besten sind. Während familiäre Defizite erfolgreiche Verläufe durchaus erschweren, prognostizieren sie aber nicht unbedingt einen Misserfolg. In Erziehungsberatungsstellen kommen häufig Verläufe vor, die durch geringe Ausgangsbelastungen bei den Auffälligkeiten, dem Funktionsniveau und dem Umfeld gekennzeichnet sind und dementsprechend eine relativ geringe Problemreduktion aufweisen. Das Funktionsniveau lässt sich allgemein nur mühsamer verbessern. Bei der Senkung der psychosozialen Belastungen schneiden Erziehungsberatungsstellen im Vergleich mit den anderen Hilfsangeboten am besten ab. Dabei haben sie jedoch die höchste klinische Orientierung. Sie kooperieren im Vergleich mit anderen Maßnahmen am besten mit den Eltern, Kinder werden jedoch an der Hilfeplanung am wenigsten beteiligt. Bei den Erziehungsberatungsstellen war die Varianz der Urteile besonders gering ausgeprägt. Die Prozessqualität erweist sich allgemein als bedeutsamer für die Ergebnisqualität als die Strukturqualität. Dabei ist sie nicht nur von den Hilfeerbringern, sondern auch von der Kooperationsfähigkeit und -bereitschaft der Beteiligten abhängig. Die von den Fachkräften der Jugendämter abgegebenen Prognosen stimmen für die Erziehungsberatung besonders gut mit den erreichten Veränderungen überein.

2.3 DIE SELBSTBESTIMMUNGSTHEORIE

Da es keine umfassende Beratungstheorie gibt, die auf alle Klienten einer Erziehungsberatungsstelle gleichermaßen anwendbar ist, wird in der vorliegenden Studie auf Forschung aus angrenzenden Bereichen zurückgegriffen. Die Prozessqualität der Beratung soll so erfasst werden, dass theoriegeleitete Vorhersagen zur Ergebnisqualität gemacht werden können. Diese Vorhersagen dienen der Validierung des Elternfragebogens. Eine Theorie, die die Anforderung erfüllt, ist die Selbstbestimmungstheorie (SBT) von Edward L. Deci und Richard M. Ryan (z.B. Deci & Ryan, 1993). Im Folgenden wird die Theorie kurz vorgestellt, anschließend werden die für die Fragebogenvalidierung herangezogenen Teile der SBT genauer beschrieben und ihre Anwendbarkeit im Gebiet der Erziehungsberatung gezeigt.

Die beiden Forscher beschäftigen sich seit den Siebzigerjahren mit der Frage, warum manche Menschen selbstbestimmt handeln und intrinsisch motiviert sind und andere nicht. Sie entwickelten die SBT mit Hilfe vieler Laborexperimente und Feldstudien. Die Theorie stellt den Zusammenhang von Motivation und Lernen auf der Basis einer Theorie des Selbst her und beschreibt die Entstehungsbedingungen für intrinsische Motivation und selbstbestimmtes Handeln. Deci und Ryan (1993) postulieren drei angeborene psychische Bedürfnisse, nämlich nach Kompetenzerleben bzw. (Selbst-) Wirksamkeit, sozialer Eingebundenheit bzw. Zugehörigkeit und nach Autonomieerleben bzw. Selbstbestimmung, die zusammen mit Fähigkeiten und Interessen die Struktur des Selbst bilden. Das Selbst entwickelt sich durch eine permanente Auseinandersetzung mit der sozialen Umwelt immer weiter („organismische Dialektik"). Der „Erfolg" dieser ständigen Weiterentwicklung ist nach Deci und Ryan insbesondere davon abhängig, inwieweit die drei psychischen Grundbedürfnisse erfüllt werden. Die Befriedigung dieser Grundbedürfnisse erfolgt über die Beziehungen des Menschen zu seinem sozialen Umfeld und ist für ein optimales psychisches Funktionieren essentiell. Unter idealen Umweltbedingungen, die durch eine individuelle Passung zwischen dem Menschen und seiner Umwelt gekennzeichnet sind und somit für jeden Menschen anders aussehen können, entsteht dabei intrinsische Motivation, die die prototypische Manifestation des menschlichen Drangs nach Lernen und Kreativität darstellt (Ryan & Deci, 2000). Menschen mit einem optimalen psychischen Funktionsniveau haben die Chance, psychisches Wachstum, soziale Integration und persönliches Wohlbefinden („well-being") zu erleben. Kenntnisse über die Bedingungen für Motivation sind nach Ryan und Deci (2000) für Psychotherapeuten und andere Fachkräfte im Gesundheitswesen unerlässlich, „because motivation is perhaps the critical variable in producing maintained change" (S. 76).

Deci und Ryan (2000; 2001f) sprechen nunmehr von vier sogenannten „Minitheorien“, die gemeinsam die SBT als generelle Theorie der menschlichen Motivation und Persönlichkeit ergeben. Allen Minitheorien gemeinsam ist die Berufung auf das Konzept der psychischen Grundbedürfnisse und auf die organismisch-dialektische Metatheorie. Die „cognitive evaluation theory“ (CET) befasst sich mit den Effekten der sozialen Umgebung auf die intrinsische Motivation. Mit dem Konzept der Internalisierung und der Entwicklung extrinsischer Motivation beschäftigt sich die „organismic integration theory“ (OIT). Die dritte Minitheorie ist die „causality orientation theory“ (COT), die interindividuelle Differenzen in der Tendenz zu selbstbestimmtem Verhalten und im Streben nach einer Umgebung, die selbstbestimmtes Verhalten unterstützt und fördert beschreibt. Die „basic needs theory“ (BNT) ist die letzte der vier Minitheorien. Sie handelt vom Konzept der Grundbedürfnisse und ihrer Beziehung zu psychischer Gesundheit und Wohlbefinden. Für das Anliegen der Fragebogenvalidierung über eine Vorhersage des Beratungsergebnisses anhand der Prozessqualität sind für diese Studie die OIT und die BNT von Interesse.

Die OIT (Ryan & Deci, 2000) trägt der Tatsache Rechnung, dass sehr viele, wenn nicht sogar die meisten Handlungen nicht intrinsisch motiviert sind. Zwischen Amotivation und intrinsischer Motivation gibt es noch den großen Bereich der extrinsischen Motivation, für den eine Motivationstheorie also auch Erklärungen bieten sollte. Die OIT geht davon aus, dass Amotivation und intrinsische Motivation als Endpunkte eines Kontinuums zu sehen sind. Zwischen diesen beiden Extremen der Motivation liegt das extrinsisch motivierte Verhalten, das durch einen externalen, introjizierten, identifizierten oder integrierten Regulationsstil gekennzeichnet sein kann. Die Regulationsstile sind durch zunehmend selbstbestimmtes Verhalten, einem von extern zu intern wechselnden „locus of control“ und zunehmend mit dem Selbst in Übereinstimmung stehenden Regulationsmechanismen gekennzeichnet. Intrinsische Motivation ermöglicht zwar das qualitativ beste (weil am stärksten selbstbestimmte) Lernen und Handeln, aber auch die extrinsische Motivation mit dem identifizierten oder dem integrierten Regulationsstil kann nach Ryan und Deci (2000) als autonom gelten und mit selbstbestimmtem Handeln einher gehen. Extrinsische Motivation mit externaler oder introjizierter Regulation fällt dagegen unter den Begriff der kontrollierten Motivation. Autonome extrinsische Motivation geht mit ähnlich positiven Begleiterscheinungen einher wie intrinsische Motivation selbst, dazu zählen u.a. größeres Engagement, qualitativ besseres Lernen, größere Compliance und Erfolge bei Patienten, insbesondere bei chronisch kranken Patienten.

Nach Deci und Ryan (2000) sind Menschen zwar von Natur aus dazu veranlagt, die Werte und Regulationen ihrer Umgebung zu internalisieren, aber diese „natürliche Neigung“ muss auch gepflegt werden, indem sie unterstützt und gefördert wird. Was sind nun die Bedingungen, die eine möglichst autonome und selbstbestimmte extrinsische Motivation entstehen lassen? Wie auch in der CET spielt die soziale Umgebung des Menschen eine entscheidende Rolle bei der Internalisierung und Integration von extrinsisch motivierten Handlungen. Wie bei der Entstehung von intrinsischer Motivation ist auch hier die Befriedigung der psychischen Grundbedürfnisse nach dem Erleben von sozialer Eingebundenheit, Kompetenz und Autonomie entscheidend. Da extrinsische Motivation bei Verhalten zum Einsatz kommt, das nicht aus sich selbst heraus interessant ist, haben Anstöße, Belohnungen, Vorbildfunktionen oder auch positive Bewertungen von anderen Menschen, denen man sich verbunden fühlt, einen großen Einfluss auf die Ausführung der Handlung. Wichtig ist auch, dass man sich ausreichend kompetent fühlt, die Aktivität zu meistern, und dass man sich in seiner Entscheidung für oder gegen das Verhalten nicht kontrolliert, sondern autonom fühlt. Sind also die drei Grundbedürfnisse erfüllt, steht einer Transformation der extrinsischen Motivation durch Internalisierung nichts mehr im Wege. Je stärker soziale Werte, Pflichten und Verantwortung integriert sind, desto größer sind Engagement, Anstrengung, Befinden und auch die Qualität der Leistungen.

Insgesamt finden sich viele Belege für die Gültigkeit der OIT. Seit den Neunzigerjahren gibt es darunter auch Studien, die zeigen, dass das Konzept der Internalisierung in verschiedenen Bereichen des Gesundheitswesens geeignet erscheint, um zu erklären, warum Patienten sich an das vom Arzt (extrinsisch) „verordnete“ Gesundheitsverhalten halten oder nicht. So berichteten Williams, Rodin, Ryan, Grolnick und Deci (1998) bei Patienten mit Langzeitmedikation über einen positiven Zusammenhang zwischen autonomen Gründen und der Compliance, die sich im zuverlässigen Einnehmen der Medikamente widerspiegelte. Williams, Freedman und Deci (1998) fanden heraus, dass Diabetespatienten ihren Blutzuckerspiegel umso besser im Griff hatten, je autonomer ihre Gründe waren, die Behandlungsanweisungen der zuständigen Fachkräfte zu befolgen. Diese Bereitschaft war wiederum von der erlebten Autonomieunterstützung durch den Behandler abhängig. Williams, Grow, Freedman, Ryan und Deci (1996) zeigten, dass krankhaft übergewichtige Teilnehmer eines sechs Monate dauernden Programmes zur Gewichtsreduktion bessere Erfolge während des Programms und 23 Monate danach hatten, wenn sie regelmäßig daran teilnahmen. Eine regelmäßige Teilnahme hing wiederum positiv mit der Autonomie der Motivation zur Teilnahme zusammen und die Motivation war umso autonomer, selbstbestimmter und internalisierter, je größer die jeweilige traitähnliche individuelle Autonomieorientierung war und – das ist für die weitere Interventionsplanung besonders wichtig – je autonomieunterstützender die Fachkräfte erlebt wurden. Dieses auf der Grundlage der Selbstbestimmungstheorie erstellte Pfadmodell wurde mit LISREL auf die Übereinstimmung mit den empirischen Daten erfolgreich getestet. Sowohl das Durchhaltevermögen bei der Programmteilnahme als auch eine langfristige Verhaltensänderung – typische „Knackpunkte“ bei Programmen zur Gesundheitsförderung, die bei bisherigen Studien zu widersprüchlichen Ergebnissen führten – konnten hier anhand der Unterscheidung von kontrollierter und autonomer Motivation aus der Selbstbestimmungstheorie sinnvoll theoretisch eingebunden und praktisch in Handlungsempfehlungen für die Fachkräfte umgesetzt werden. Auch für ein Raucherentwöhnungsprogramm wurde ein positiver Zusammenhang zwischen der Autonomieunterstützung des Arztes, der Autonomie der Motivation und einem Erfolg des Programms gezeigt (Williams, Gagné, Ryan & Deci, 2000, zit. nach Deci & Ryan, 2000). Hier wurde die Autonomie der Motivation allerdings aus der von trainierten Beobachtern „objektiver“ eingeschätzten Autonomieunterstützung des Arztes vorhergesagt, anhand der Motivation konnten wiederum biochemische Erfolgsmaße bei katamnestischen Untersuchungen nach 6 und 30 Monaten vorhergesagt werden. Pelletier, Tuson und Haddad (1997) konnten zeigen, dass eine stärkere Internalisierung in Richtung autonome Motivation bei Psychotherapiepatienten mit besserem Therapieerfolg einher geht. So ist die Zufriedenheit größer, die Spannung geringer, die Stimmung während der

Therapie besser und das Durchhaltevermögen stärker ausgeprägt. Auch für ein Alkoholentzugsprogramm (Ryan, Plant & O`Malley, 1995) und für ein Methadonersatzprogramm (Zeldman, Ryan & Fiscella, 1999, beide Studien zit. nach Deci & Ryan, 2000) wurde der Zusammenhang zwischen autonomer Motivation und Therapieerfolg gezeigt.

Diese Studien zum Einfluss von Autonomieunterstützung auf (dauerhafte) Änderungen im Gesundheitsverhalten lassen auch eine Anwendbarkeit der OIT in der Jugendhilfe plausibel erscheinen. Eine Übertragung der OIT auf den Kontext von Beratung in der Jugendhilfe würde bedeuten, dass Anregungen und Tipps aus der Beratung umso eher und qualitativ besser umgesetzt werden (Ergebnisqualität), je besser der Berater die Grundbedürfnisse der Klienten erfüllt (Prozessqualität) und je größer für diese somit die Chancen zur Internalisierung der neuen „Werte" in das eigene Selbst und die Entwicklung einer möglichst autonomen Motivation mit persönlicher Wertschätzung der Ziele sind.

Neben der eben dargestellten Minitheorie zur extrinsischen Motivation ist aber auch diejenige zu psychischer Gesundheit und zum Wohlbefinden für die Fragebogenvalidierung von Interesse. Zu dieser Theorie forschen Deci und Ryan (2000) seit einigen Jahren vermehrt. In der BNT geht es um den Zusammenhang zwischen der Erfüllung der drei psychischen Grundbedürfnisse auf der einen Seite und dem Erleben von psychischer Gesundheit und Wohlbefinden auf der anderen Seite. Beim Wohlbefinden gibt es nach Ryan und Deci (2001) zwei Forschungstraditionen, nämlich eine Richtung, die ein hedonistisches Verständnis von Wohlbefinden hat, in der Wohlbefinden als hedonistischer Zustand der Freude und des Vergnügens gesehen wird und positive Emotionen vorherrschend sind, und eine andere Richtung, die Wohlbefinden eher im Sinne von Eudämonie auffasst. Ryan und Deci ordnen ihre Selbstbestimmungstheorie der zweiten Richtung zu. Für sie ist ein eudämonisches Streben nach Selbstverwirklichung und Weiterentwicklung die Grundlage für Wohlbefinden. Eine Person, die dieses Ziel erreicht hat, sieht für sie so aus wie Rogers „fully functioning person", die durch eine vollständige Kongruenz von Erfahrungen und Selbstkonzept gekennzeichnet ist (Angleitner, 1980, S. 144). Um die beiden Ansätze zu integrieren, kann man Wohlbefinden als multidimensionales Phänomen mit hedonistischen und eudämonischen Aspekten sehen. Ein solches Konstrukt lässt sich auch empirisch untermauern: So fanden laut Ryan und Deci (2001) verschiedene Forscher bei Faktorenanalysen ein Modell mit den zwei leicht korrelierenden Faktoren des hedonistischen subjektiven Wohlbefindens und des eudämonischen persönlichen Wachstums.

Eine wichtige Voraussetzung für Selbstverwirklichung und Weiterentwicklung ist nach Deci und Ryan (2000) die Befriedigung aller drei psychischen Grundbedürfnisse, denn diese haben untereinander keine kompensatorischen Funktionen. Sie ziehen hier einen Vergleich zu physischen Bedürfnissen: so ist es langfristig nicht möglich, einen Mangel an Essen auszugleichen, indem man einfach entsprechend mehr Wasser zu sich nimmt. Die Möglichkeiten zur Bedürfnisbefriedigung sind interindividuell unterschiedlich und verändern sich auch intraindividuell im Laufe des Lebens. Sie sind u.a. von persönlichen Kompetenzen der Menschen und soziokulturellen Faktoren abhängig. Es konnte gezeigt werden, dass tägliche Schwankungen in der Bedürfnisbefriedigung von Autonomie und Kompetenz mit Schwankungen der Stimmung, der Vitalität, der physischen Symptome und der Selbsteinschätzung zusammenhängen (Sheldon, Ryan & Reis, 1996). Jedes Bedürfnis leistet einen eigenständigen Beitrag zur Vorhersage von Schwankungen im Wohlbefinden (Reis, Sheldon, Gable, Roscoe & Ryan, 2000). Beide Studien konnten zeigen, dass der Zusammenhang zwischen Bedürfnisbefriedigung und resultierendem Wohlbefinden sowohl innerhalb einer als auch zwischen Personen („within-person und between-person level") gefunden werden kann. Eine weitere Studie von Sheldon, Ryan, Rawsthorne und Ilardi (1997) zeigte einen Zusammenhang zwischen dem psychischen Wohlbefinden und Autonomie- und Authentizitätsbedürfnissen, die in verschiedenen Alltagsrollen (Student, Angestellter, Freund) unterschiedlich stark befriedigt werden. In mehreren Studien (z.B. T. Kasser & Ryan, 1993, 1996) wurden Zusammenhänge zwischen persönlichen Lebenszielen und psychischem Wohlbefinden aufgezeigt. Dabei gingen intrinsisch orientierte Ziele wie Zugehörigkeit (*affiliation)*, persönliches Wachstum *(personal growth)* und Gemeinschaft *(community)* mit größerem Wohlbefinden einher, während extrinsische Lebensziele wie Reichtum, Ruhm und Image (*wealth, fame, image*) eher negativ damit korrelierten. Diese Zusammenhänge konnten interkulturell repliziert werden (Ryan et al., 1999) und werden so erklärt, dass intrinsische Ziele direkt zur Befriedigung der psychischen Bedürfnisse dienen, während extrinsische Ziele höchstens indirekt befriedigen (wenn überhaupt). Auch im Gesundheitsbereich konnte der Zusammenhang von Bedürfnisbefriedigung und Wohlbefinden nachgewiesen werden: V. G. Kasser und Ryan (1999) zeigten beispielsweise in einer Studie, dass Autonomieunterstützung und soziale Eingebundenheit bei Bewohnern eines Pflegeheims mit größerem Wohlbefinden einher gehen. Sie fanden heraus, dass Autonomieunterstützung durch Freunde und Verwandte und durch das Pflegepersonal positiv mit Wohlbefinden, Vitalität, Lebenszufriedenheit und geringerer Depression korrelierte. Es zeigte sich weiterhin ein Zusammenhang zwischen der Autonomie der alten Menschen in ihren (alltäglichen) Handlungen und ihrem Wohlbefinden. Auch die soziale Eingebundenheit korrelierte positiv mit Wohlbefinden – dabei zeigte sich dieser Zusammenhang nur für die Qualität der Beziehungen, nicht jedoch für die Häufigkeit der Kontakte. Die Autoren beschreiben einige methodische Schwächen ihrer Studie, z.B. der Rückgriff auf eine kleine, vermutlich nicht repräsentative Stichprobe (N = 50) aus nur einer Einrichtung, die Verwendung von gekürzten Skalen mit veränderten psychometrischen Eigenschaften, der Fokus liegt auf Selbstberichtsdaten. Daher sind Interpretationen und Generalisierungen nur mit Vorsicht möglich. V. G. Kasser und Ryan (1999) schließen, dass neben der Erfüllung physischer Bedürfnisse auch die Befriedigung der psychischen Bedürfnisse (Autonomie, soziale Eingebundenheit) einen entscheidenden Einflussfaktor für die psychische Gesundheit und die Lebensqualität alter Menschen darstellt. Nach der BNT kann man auch für die Jugendhilfe erwarten, dass sich eine Befriedigung der psychischen Grundbedürfnisse der Klienten in der Beratung direkt auf ihr Wohlbefinden auswirkt.

Ryan und Deci (2000) betonen ausdrücklich die Wichtigkeit, Kenntnisse über die Auslösung von positiver Motivation und Erfahrung, besserer Performanz und Wohlergehen zu besitzen. Dies trifft vor allem für diejenigen zu, die mit kognitiver und Persönlichkeitsentwicklung beschäftigt sind, wie z.B. Eltern und Ausbilder, und diejenigen, die beruflich damit beschäftigt sind, nachhaltige Veränderungen bei anderen Menschen in Gang zu setzen, wie z.B. Psychotherapeuten und weitere Fachkräfte aus dem Gesundheitsbereich. Für sie ist es von zentraler Bedeutung, bei ihren Klienten und Patienten intrinsisch bzw. extrinsisch-autonom motivierte Lern- und Entwicklungsprozesse und die Wahrnehmung eines selbstbestimmten Handelns zu erzeugen. Dies demonstriert nicht nur die Wichtigkeit der SBT in den „klassischen“ Bereichen der kindlichen Entwicklung und des schulischen Lernens, sondern auch im „Health-Care“-Bereich.

Auf der Grundlage der SBT lassen sich (Qualitäts-) Kriterien bilden, die ein Beratungsprozess erfüllen sollte, um erfolgreich zu sein. Wenn sich die Eltern in ihrem Kompetenzerleben, ihrer sozialen Eingebundenheit und ihrem Autonomieerleben von den Beratern unterstützt fühlen, sollten ihre psychischen Grundbedürfnisse durch die Beratung besser befriedigt sein. Dies verbessert zum einen direkt ihr psychisches Wohlbefinden und ihr Verhalten dem Kind gegenüber sollte daher positiver werden. Zum anderen sind dadurch die Bedingungen erfüllt, um die Tipps der Berater zu internalisieren und Veränderungen selbstbestimmt und autonom motiviert umzusetzen. Dies erhöht den Erfolg der Beratung, was wiederum ein verbessertes Wohlbefinden bedeutet. Zusätzlich sollten sich die Berater dem Kind gegenüber genauso kompetenzfördernd, sozial einbindend und autonomieunterstützend verhalten wie den Eltern gegenüber und auch die Eltern sollten den „selbstbestimmungstheoretischen“ Stil ihres Beraters im Umgang mit dem Kind übernehmen. Somit sollten beim Kind – genauso wie bei den Eltern – zum einen quasi automatisch ein besseres Wohlbefinden entstehen können und zum anderen die Bedingungen erfüllt sein, die eine höhere Motivation und aktivere Mitarbeit ermöglichen und so indirekt zum Beratungserfolg eines größeren Wohlbefindens beim Kind beitragen. Zusammenfassend wird also erwartet, dass der Beratungserfolg umso größer ist, je höher die Autonomieunterstützung, Kompetenzförderung und soziale Eingebundenheit von den Eltern beurteilt wird.

3 FRAGESTELLUNG

Die Studie verfolgt zwei Ziele. Zum einen wird ein Fragebogen zur Erziehungsberatung aus Elternsicht entwickelt und validiert und zum anderen wird eine Erziehungsberatungsstelle evaluiert.

1. Ziel

a) Als Teil des Qualitätsbeurteilungssystems für Hilfen zur Erziehung (QuBuS) soll ein Fragebogen zur Beurteilung von Erziehungsberatung aus Elternsicht (EB-E) entwickelt werden. Der EB-E soll die drei in der Qualitätssicherungsdebatte weit verbreiteten Aspekte der Struktur-, Prozess- und Ergebnisqualität im Hinblick auf Erziehungsberatungsstellen sowie soziodemographische Merkmale der Klienten erfassen. Die *Strukturqualität* der Einrichtung soll über die Zufriedenheit der Eltern erfasst werden. Hier wird ein ähnliches Problem wie bei einer Definition des Beratungserfolges über Zufriedenheit erwartet: Es wird zu unrealistisch positiven Bewertungen kommen. Um diesem entgegenzuwirken, soll die Strukturqualität differenziert nach einzelnen Aspekten erfasst werden. So haben die Eltern beim Ausfüllen des Fragebogens die Möglichkeit, die Aspekte gegeneinander abzuwägen. Dieses Vorgehen hat weiterhin den Vorteil, dass die Auswertung nicht nur auf die absoluten Werte angewiesen ist, sondern die einzelnen Ergebnisse vergleichend darstellen kann.

Die *Prozessqualität* soll mehrdimensional und in Anlehnung an Forschung in angrenzenden Bereichen erfasst werden, da die Jugendhilfeforschung keine Theorie anbieten kann, die für die verschiedenen Beratungsverläufe der Klientel einer Erziehungsberatungsstelle mit typischerweise unterschiedlichsten Fällen akzeptiert ist. Erstens soll hier die Selbstbestimmungstheorie, eine in verschiedenen Bereichen gut validierte und etablierte entwicklungs- bzw. lernorientierte Motivationstheorie aus der psychologischen (Grundlagen-) Forschung, zur Anwendung kommen. Zweitens soll auf Erhebungsverfahren aus dem (Kinder-) Psychotherapiebereich zurückgegriffen werden.

Da die Forschungslage bisher ebenfalls keine allgemein akzeptierte Definition zum Erfolg von Erziehungsberatung erkennen lässt, ist auch ungeklärt, wie ein Beratungserfolg überhaupt erfasst werden soll. Infolgedessen soll die *Er-*

gebnisqualität im EB-E mehrdimensional und mit verschiedenen Methoden erhoben werden. Dazu soll einerseits auf klassische Konzepte von Beratungserfolg, wie z.B. Symptomreduktion, zurückgegriffen werden, andererseits sollen Konzepte aus angrenzenden Bereichen, wie z.B. Psychotherapie, Medizin und Dienstleistungen (mit der gebotenen Vorsicht), berücksichtigt werden. Dies sollen beispielsweise Lebensqualität, Belastung und Zufriedenheit sein.

b) Eine Validierung des EB-E erfolgt mit Hilfe der Selbstbestimmungstheorie, aus der theoretische Aussagen über den Zusammenhang von Prozess- und Ergebnisqualität abgeleitet werden können. Je mehr sich die Klienten im Verlauf der Beratung in ihrem Autonomieerleben, ihrer sozialen Eingebundenheit und ihrem Kompetenzerleben unterstützt fühlen, desto besser sind zum einen die Bedingungen, um die Ratschläge der Berater selbstbestimmt und autonom zu „lernen", zu internalisieren und umzusetzen und umso höher soll der Beratungserfolg sein. Zum anderen sollen die Klienten ihr Wohlbefinden umso besser einschätzen, je größer die Befriedigung ihrer psychischen Grundbedürfnisse ist. Je besser also selbstbestimmungstheoretisch begründete Merkmale der Prozessqualität, nämlich die Befriedigung der drei psychischen Grundbedürfnisse, bewertet werden, desto besser soll auch die Ergebnisqualität beurteilt werden. Diese theoretisch vorhergesagten Zusammenhänge sollen sich mit dem EB-E aufzeigen lassen und dienen dessen Validierung.

2. Ziel

Der EB-E wird in der Pädagogisch-Psychologischen Beratungsstelle der Universität Bielefeld eingesetzt, um die Elternsicht der Struktur-, Prozess- und Ergebnisqualität der Einrichtung aufzuzeigen. Zusätzlich werden weitere Informationen erhoben, die für diese Einrichtung von speziellem Interesse sind, und Daten aus den Akten der angeschriebenen Familien berücksichtigt. Die Befragungsergebnisse können eine Grundlage für qualitätssichernde und -entwickelnde Maßnahmen in der Beratungsstelle bilden.

4 DATENERHEBUNG

4.1 DIE PÄDAGOGISCH-PSYCHOLOGISCHE BERATUNGSSTELLE DER UNIVERSITÄT BIELEFELD

Die Datenerhebung erfolgte an der Pädagogisch-Psychologischen Beratungsstelle der Universität Bielefeld, die zur Arbeitseinheit Pädagogische Psychologie der Abteilung für Psychologie gehört. Diese Beratungsstelle existiert seit 1980 und hat zwar keinen Versorgungsauftrag, ist aber grundsätzlich für alle Eltern zugänglich, die beim meist telefonischen Erstkontakt ein beratungsbedürftiges Problem angeben. Die ratsuchenden Familien kommen aus dem gesamten ostwestfälischen Raum. Die Beratungsarbeit wird von den MitarbeiterInnen der Pädagogischen Psychologie geleistet. Diese haben alle einen Abschluss als Diplom-PsychologIn und sind darüber hinaus mit ihrer wissenschaftlichen Weiterqualifikation beschäftigt. In der Beratungsstelle werden weiterhin eine psychologisch-technische Assistentin und mehrere studentische Hilfskräfte beschäftigt, die die BeraterInnen organisatorisch und inhaltlich unterstützen. Eine Beratung besteht minimal aus einem Erstgespräch, (Test-) Diagnostik und einem Rückmeldegespräch. Falls erforderlich, können diese Basisleistungen noch durch weitere ergänzt werden, wie z.B. Elternberatung, Psychoedukation, Förderung des Kindes oder auch Kooperation mit den Lehrern. Wie aus dem Jahresbericht 1996 hervorgeht, haben sich in den letzten Jahren Beratungen bei Lese-Rechtschreib-Schwäche und Hochbegabung zum Schwerpunkt der Beratungsstelle entwickelt. Ein weiterer Tätigkeitsbereich der BeraterInnen liegt in der Vernetzung mit anderen Bielefelder Beratungsstellen, die in regelmäßigen Arbeitstreffen realisiert wird. Darüber hinaus sind die MitarbeiterInnen auch in der theoretischen und praktischen Ausbildung der Psychologiestudierenden aktiv, die Beratungsarbeit regelmäßig in Lehrveranstaltungen und im Rahmen von Praktika kennen lernen können. Von Anfang an führte die Beratungsstelle bei ausgewählten Fällen katamnestische Erhebungen mit einem selbstentwickelten Fragebogen durch. Die erhobenen Daten wurden bisher jedoch nicht systematisch ausgewertet.

4.2 DURCHFÜHRUNG DER UNTERSUCHUNG

Für vorliegende Untersuchung wurden Eltern kontaktiert, die zwischen Januar 1998 und Januar 2001 Leistungen der Pädagogisch-Psychologischen Beratungsstelle in Anspruch genommen hatten. Die Beratung sollte für die Eltern maximal drei Jahre zurück liegen, um einerseits zwar eine möglichst große Stichprobe zu erhalten, andererseits jedoch das Risiko für Erinnerungsprobleme der Eltern und nicht beratungsbedingte Einflüsse möglichst gering zu halten. Die Eltern wurden im Mai 2001 angeschrieben und um ihre Teilnahme an der schriftlichen Befragung gebeten (N = 100). Dabei wurden ausschließlich solche Familien berücksichtigt, die zu mehr als einem Termin in der Beratungsstelle gewesen waren. So sollte sichergestellt werden, dass die befragten Eltern auch tatsächlich in der Lage sind, verschiedene Aspekte der Beratungsarbeit und -stelle zu beurteilen.

Um den bei solchen Befragungen üblicherweise geringen Rücklauf zu erhöhen, wurde die Wichtigkeit der Studie im Anschreiben erläutert. Dieses wurde persönlich abgefasst und neben den jeweiligen Beraterinnen und mir auch von der Professorin der Arbeitseinheit unterschrieben, um die Anbindung an die Universität Bielefeld herauszustellen (vgl. Bortz & Döring, 1995). Als kleiner Anreiz wurde den Eltern angeboten, bei Interesse die Ergebnisse der Befragung und eine Informationsbroschüre der Beratungsstelle zu erhalten (Anschreiben siehe Anhang A). Neben dem Fragebogen war dem Brief ein frankierter und adressierter Rückumschlag beigelegt.

Den Eltern wurde zwar nicht die – unerfüllbare – Anonymität ihrer Daten versprochen. Ihnen wurde aber ausdrücklich versichert, dass ihre Angaben selbstverständlich streng vertraulich behandelt und nicht im Zusammenhang mit ihrem Namen oder ihrer Adresse gespeichert oder ausgewertet würden. Somit war es möglich, den Rücklauf der Fragebögen zu kontrollieren und nicht-antwortende Familien erneut zu kontaktieren.

Um sicherzustellen, dass die Eltern den Fragebogen für die „Zielperson“ und „-beratung“ ausfüllen und nicht eventuell für ein anderes Kind, mit dem sie womöglich früher schon mal in einer Beratungsstelle waren, wurde das Kind, um das es geht, im Anschreiben mit seinem Namen genannt und das Jahr der Beratung erwähnt.

Nach etwa drei Wochen wurde den Eltern, die ihren Fragebogen bis dahin nicht zurückgeschickt hatten, eine Erinnerungspostkarte zugesandt. Nach weiteren drei Wochen wurden die (erreichbaren) Eltern telefonisch kontaktiert und persönlich darum gebeten, den Fragebogen auszufüllen.

Um den Erfolg der Erinnerungsmaßnahmen bewerten zu können, sollte das Datum des Fragebogeneingangs festgehalten werden. Im Verlauf der Befragung stellte sich dann aber heraus, dass die Post (vermutlich innerhalb der Universität) extrem unterschiedlich lange für die Beförderung der Fragebögen brauchte (einige Fragebögen waren bis zu mehreren Wochen in der Post), so dass der Fragebogeneingang kein reliables Kriterium darstellte. Als Alternative sollte der Poststempel verwendet werden, aber auch das funktionierte nicht: Die Rückumschläge mit dem Aufdruck „Porto bezahlt Empfänger“ wurden häufig von der Post gar nicht abgestempelt.

4.3 DAS KLIENTEL DER PÄDAGOGISCH-PSYCHOLOGISCHEN BERATUNGSSTELLE

In der wissenschaftlichen Grundlagenforschung wird nach Rost (2000) versucht, eine bessere Generalisierbarkeit und die Kausalinterpretierbarkeit der Ergebnisse zu erreichen, indem aus einer bestimmten Population eine Zufallsstichprobe gezogen und die Versuchspersonen den Experimentalbedingungen randomisiert zugeordnet werden (siehe auch Cook & Campbell, 1979). Diese Grundprinzipien sind in Evaluationsstudien – und so auch in dieser Studie – oft nicht einzuhalten. Bei nicht-zufälligen, vorgegebenen Stichproben gilt es als ein Standard der Evaluationsforschung, die untersuchte Stichprobe möglichst detailliert zu beschreiben. Die genaue Beschreibung relevanter Merkmale ermöglicht es, die Repräsentativität der Stichprobe hinsichtlich ähnlicher Personengruppen zu überprüfen und die Frage nach einer möglichen Übertragbarkeit der Ergebnisse („Generalisierbarkeit im weiteren Sinne“) zu beantworten.

Die angeschriebenen Familien („Grundgesamtheit“) werden daher im Folgenden anhand der Aktendaten detailliert beschrieben und auf ihre Repräsentativität für die Population der Klienten von Erziehungsberatungsstellen hin überprüft, die in Abschnitt 2.2.2 dargestellt wurde. Da für diese Studie insbesondere die Übertragbarkeit der Ergebnisse auf die Pädagogisch-Psychologische Beratungsstelle wichtig ist, wird im Ergebnisteil zusätzlich die Repräsentativität der Rücklaufstichprobe für die Grundgesamtheit untersucht.

4.3.1 Beschreibung der angeschriebenen Familien

Die angeschriebenen Familien waren zu 35.0% mit Mädchen und zu 65.0% mit Jungen in der Beratungsstelle. Das jüngste Kind war zum Zeitpunkt der Beratung 4 Jahre alt und das älteste „Kind" war 27 Jahre alt (*M* = 9.52; *MD* = 9.00, *S* = 3.33). Wie schon aus der Altersverteilung zu erschließen ist, ging der größte Teil der Kinder in die Grundschule (52.1%), einen Kindergarten besuchten noch 15.6% und 31.0% besuchten weiterführende Schulen (6.3% eine Gesamtschule, 1.0% die Orientierungsstufe, 5.2% eine Hauptschule, 4.2% eine Realschule und 14.6% ein Gymnasium), 1.0% der Kinder ging auf eine Privatschule.

Bei der Möglichkeit, bis zu drei Anmeldungsgründe anzugeben, nannten 39.0% der Eltern eine Lese-Rechtschreibschwäche, dieses Problem stellte 32.2% der Anmeldungsgründe dar, weitere 31.0% gaben eine Hochbegabungsabklärung oder Unterforderung in der Schule an (25.6% der Gründe), danach folgten mit 10.0% eine Unsicherheit über die weitere Schul- und Berufslaufbahn (8.3% der Gründe) und Konzentrationsschwierigkeiten mit 9.0% (7.4% der Gründe), weitere Beratungsanlässe (allgemeine Lern- und Leistungsprobleme, mangelnde Motivation, Schulunlust, Schulverweigerung, Aggression, extreme Unruhe, auffälliges Verhalten, Ängste, Eltern-Kind-Konflikte, Einnässen/Einkoten, körperliche Beschwerden, sozial-emotionale Schwierigkeiten, auffälliges Verhalten in der Schule) wurden nur in Einzelfällen genannt.

Die längste Beratung erstreckte sich über 45 Sitzungen (*M* = 7.11; *MD* = 4, *S* = 7.78), die Beratungen dauerten zwischen 1 und 76 Wochen (*M* = 10.45; *MD* = 5; *S* = 14.29). Dass der Median bei beiden Angaben deutlich unter dem Mittelwert liegt, ist vermutlich auf die vielen Diagnostikfälle zurückzuführen, die einen großen Teil des Klientels ausmachen. So hatten 65 Familien maximal vier Termine und nur 35 Familien waren fünf mal und öfter da. Die Beratungen lagen zwischen 17 (etwa 4 Monate) und 174 (etwa 3 Jahre) Wochen zurück (*M* = 108.11; *MD* = 110; *S* = 51.63).

Die Initiative zur Beratung kam am häufigsten aus den Familien selbst, wobei die Mütter mit großem Abstand zuerst auf die Idee kamen, eine Beratung in Anspruch zu nehmen (62.9%). Außer den Müttern wurden natürlich auch beide Eltern (12.9%), die Väter (6.5%) und weitere Personen aus der Familie genannt. Vorschläge von außerhalb der Familie stammten am häufigsten von den Lehrern bzw. der Schule (9.7%). Weiterhin wurden Ärzte, Sozialarbeiter, psychosoziale Fachkräfte und Nachhilfe genannt. In 38 Fällen fehlen diese Angaben.

Die meisten Kinder lebten in einer Familie mit zwei Eltern (81.4%). Bei einer alleinerziehenden Mutter wuchsen 14.4% der Kinder auf, jeweils 1.0% der Kinder wuchsen beim alleinerziehenden Vater, in einer zusammengesetzten Familie oder in einer Jugendhilfeeinrichtung auf. Fast die Hälfte der Kinder hatten ein Geschwisterkind (49.0%), 30.2% der Kinder hatten zwei bis drei Geschwister, nur 20.8% waren Einzelkind.

Von den 90 Müttern, für die Angaben zum Erwerbsstatus vorliegen, waren 11.1% in un- oder angelernten Tätigkeiten beschäftigt, weitere 65.6% hatten eine Stelle, die eine Ausbildung oder ein Studium voraussetzt, und 23.3% waren Hausfrau, Studentin, Rentnerin oder arbeitslos. Von den 84 Vätern mit entsprechenden Angaben waren 3.6% un- oder angelernt tätig, 95.2% hatten eine Arbeit, die eine Ausbildung oder ein Studium erfordert, nur 1.2% waren Hausmann, Student, Rentner oder arbeitslos.

4.3.2 Die Repräsentativität der angeschriebenen Familien

Ein Vergleich mit der Kinder- und Jugendhilfestatistik für 1999 (Statistisches Bundesamt, 2000), deren Angaben sich auf die Mitte des befragten Zeitraumes beziehen, zeigt erwartungsgemäß die Schwerpunkte der Pädagogisch-Psychologischen Beratungsstelle auf (s. Tabelle 4.1). Die Beratungsdauer ist deutlich niedriger als im Bundesdurchschnitt, dies ist wohl vor allem – trotz des methodischen Problems einer unterschiedlichen Erfassung – auf die Beratungsanlässe zurückzuführen. Während bei der evaluierten Beratungsstelle die Diagnostik von Lese-Rechtschreibstörungen und Hochbegabung bzw. Unterforderung im Mittelpunkt steht, sind die häufigsten Anlässe in der Kinder- und Jugendhilfestatistik Beziehungsprobleme und Entwicklungsauffälligkeiten, die eher längere Beratungen erfordern. Des weiteren besteht das Klientel der Pädagogisch-Psychologischen Beratungsstelle häufiger aus einer Familie mit zwei Eltern als im Bundesdurchschnitt. Auch dieses Ergebnis lässt sich mit den Beratungsanlässen erklären: Die Kinder- und Jugendhilfestatistik weist als vierthäufigsten Anmeldegrund „Trennung, Scheidung, familiäre Probleme" aus, wohingegen diese Anlässe in der Beratungsstelle eher eine untergeordnete Rolle spielen. Zusammenfassend spiegelt das Klientel der Beratungsstelle zwar deren Arbeitsschwerpunkte wider, in Bezug auf andere Merkmale, wie z.B. Kontaktaufnahme, Geschwister oder auch das Alter der Kinder, zeigt es sich im Vergleich mit der Bundesstatistik als repräsentativ.

Tabelle 4.1
Vergleich der Pädagogisch-Psychologischen Beratungsstelle mit der Kinder- und Jugendhilfestatistik (1999)

	Pädagogisch-Psychologische Beratungsstelle (1998 – 2000)	Kinder- und Jugendhilfestatistik (1999)
Geschlecht	Jungen: 65.0% Mädchen: 35.0%	Jungen: 57.5% Mädchen: 42.5%
Alter	Maximum: 27 Jahre Mittel: 9.52 Jahre	Maximum: 27 Jahre Modus: 6-9 Jahre
Anlässe	1. Lese-Rechtschreib-Schwäche 2. Hochbegabung / Unterforderung 3. Schul-, Berufslaufbahn 4. Konzentrationsprobleme	Beziehungsprobleme Entwicklungsauffälligkeiten Schul-, Ausbildungsprobleme Trennung, Scheidung, familiäre Probleme
Beratungsdauer	etwa 2.5 Monate (10.45 Wochen)	6 Monate
Kontaktaufnahme / Initiative	Mutter: 62.9% Kind selbst: -- Vater: 6.5% Beide Eltern: 12.9%	Mutter: 64.8% Kind selbst: 8.5% Vater: 8.0% Beide Eltern: 7.3%
Familie	Beide Eltern: 81.4% Alleinerziehende Eltern: 15.4% Elternteil + neuer Partner: 1%	Beide Eltern: 50.2% Alleinerziehende Eltern: 26.8% Elternteil + neuer Partner: 13.6%
Geschwister	Einzelkind: 20.8% Ein Geschwisterkind: 49.0% Mind. Zwei Geschwister: 30.2%	Einzelkind: 22.2% Ein Geschwisterkind: 47.4% Mind. Zwei Geschwister: 30.4%

4.4 DAS QUALITÄTSBEURTEILUNGSSYSTEM FÜR HILFEN ZUR ERZIEHUNG (QUBUS)

In Kooperation mit Heimanns (2004) wurde das Qualitätsbeurteilungssystem für Hilfen zur Erziehung (QuBuS) entwickelt. Mit dem QuBuS werden verschiedene Variablen zur Struktur-, Prozess- und Ergebnisqualität und soziodemographische Angaben zu den Klienten in Fragebogenform erfasst. Das QuBuS kann für verschiedene Erziehungshilfen und unterschiedliche Zielgruppen, wie z.B. Eltern, Jugendliche oder Mitarbeiter, spezifiziert werden. Es setzt sich aus drei Teilen zusammen: In Teil A geht es um die Probleme der Klienten im Zeitraum vor der Erziehungshilfe, Teil B befasst sich mit dem Ablauf der Erziehunghilfe selbst und Teil C bezieht sich auf den aktuellen Befragungszeitpunkt. In Teil C werden einige Informationen aus Teil A erneut abgefragt, so dass ein „Vorher-Nachher"-Vergleich durchgeführt werden kann. Die modulartige Struktur des QuBuS ermöglicht sowohl retrospektive Befragungen als auch längsschnittartig begleitende Untersuchungen (z.B. vor der Erziehungshilfe Teil A, am Ende der Hilfe Teil B und Teil C, katamnestisch erneut Teil C). Die Verwendung eines sorgfältig konstruierten Fragebogens mit geschlossenen Fragen und Ratingskalen bietet nach Gerull und Post (1999) im Vergleich zu anderen Methoden einen Vorteil, der gerade bei einem Einsatz in der „Praxis" nicht zu unterschätzen ist: Er ist ein in der Anwendung und Auswertung sehr ökonomisches Verfahren. Aus testtheoretischer Sicht kommt als weiterer Vorteil die Objektivität hinzu, die sich sowohl beim Bearbeiten des Fragebogens (alle unterliegen den gleichen Bedingungen) als auch bei der Auswertung, die wenig Spielraum für persönliche Interpretationen der Angaben lässt, bemerkbar macht.

4.4.1 Entwicklung des Fragebogens „Erziehungsberatung aus Elternsicht" (EB-E) des QuBuS

Im Rahmen dieser Studie wurde das QuBuS so spezifiziert, dass die Klienten von Erziehungsberatungsstellen damit befragt werden können. Entsprechend dazu ging Heimanns (2004) für die Erziehungshilfemaßnahme „Tagesgruppe" vor. Das Urteil der Klienten ist für Nitsch (1997) ein sehr zentrales und wichtiges Bestimmungsstück des Beratungserfolges und er sieht sie durchaus als

„Expert/-innen in eigener Sache“ (S. 359). Auch Hohm und Petermann (2000) stellen fest, dass eine direkte Befragung der Betroffenen zu validen Ergebnissen führt. „Betroffene“ von Erziehungsberatung sind zum einen die Eltern und zum andern die Kinder selbst. Da das Alter der „Kinder“ eine sehr große Spanne aufweist (bis zu 27 Jahren), ist es unmöglich, einen einheitlichen Fragebogen für diese Klientengruppe zu konstruieren. Von Schulkindern sind nach Rennen-Allhoff (1991) außerdem keine verlässlichen oder zumindest weniger verlässliche Aussagen zu erwarten als von deren Eltern (kleinere Kinder können einen Fragebogen womöglich noch gar nicht bearbeiten). So wurden die Eltern als Adressaten des Fragebogens ausgewählt und der QuBuS-Fragebogen „Erziehungsberatung aus Elternsicht“ (EB-E) entstand.

Im Hinblick auf die Evaluation der Pädagogisch-Psychologischen Beratungsstelle wurde der EB-E um Items ergänzt, die weitere Informationen für die Einrichtung erfassen, und für eine retrospektive Erhebung konstruiert. Diese weist zwar im Vergleich mit längsschnittlichen Untersuchungen einige methodische Nachteile auf, hat aber den für die vorliegende Studie wichtigen Vorteil einer relativ kurzen Datenerhebungsphase. Nach Rennen-Allhoff (1991) können Eltern auch retrospektiv verlässliche, d.h. reliable und valide Aussagen über ihre Kinder machen, wenn die persönliche Bedeutsamkeit der Information groß ist. Dies kann bei der Inanspruchnahme einer Erziehungsberatung angenommen werden. Die Verlässlichkeit der Aussagen kann durch stark strukturierte Verfahren verbessert werden. Die Beurteilung von beobachtbarem Verhalten ist einfacher; schwieriger ist es dagegen, wenn Schlüsse gezogen werden müssen oder soziale Beziehungen beurteilt werden sollen.

Die Entwicklung des EB-E baut zum einen auf den Ergebnissen einer Literatur- bzw. Fragebogensichtung auf, bei der auch angrenzende Bereiche, wie z.B. die Psychotherapieforschung, mit einbezogen wurden. Damit wurden zwei Ziele verfolgt. Erstens sollte der EB-E auf dem aktuellen Stand der Forschung aufbauen. Zweitens sollten bewährte, eventuell sogar normierte Maße soweit wie möglich einbezogen werden, indem auf bestehende Skalen zurückgegriffen wurde. Zum anderen sind in die Entwicklung Erfahrungen mit dem bisher in der Pädagogisch-Psychologischen Beratungsstelle für Katamnesen verwendeten Fragebogen eingegangen. Dieser erforderte mit vielen offenen Fragen und einer wenig ansprechenden Gestaltung eine hohe Motivation der Ausfüller und eine intensive Beschäftigung mit den Fragen. Darüber hinaus war er schwer quantitativ auszuwerten und statistisch aufzubereiten. Dies war ausschlaggebend dafür, dass bei dem EB-E sehr viel Wert auf eine ansprechende Gestaltung gelegt wurde. Er sollte zu einem möglichst hohen Anteil aus geschlossenen Fragen mit Ratingskalen zum Antworten bestehen, um die Objektivität zu steigern und die Auswertung zu erleichtern. Dabei erwiesen sich die offenen Fragen des bisherigen Evaluationsfragebogens mit teilweise sehr ausführlichen Antworten als gut geeignet, um Anregungen für die Items und Antwortkategorien des EB-E zu geben.

Erste Entwürfe des EB-E wurden Experten zur Beurteilung vorgelegt. Dies waren zuerst die Mitarbeiterinnen der Pädagogisch-Psychologischen Beratungsstelle an der Universität Bielefeld. Darüber hinaus wurde das Zentrum für Umfragen, Methoden und Analysen e.V. (ZUMA) in Mannheim um Unterstützung gebeten. In einer mehrstündigen Telefonkonferenz wurden die Schwächen des Fragebogens sehr detailliert kritisiert und viele fachkundige Tipps zur Verbesserung gegeben. Schließlich wurde noch eine „Vorstudie" mit einer Familie durchgeführt.

Nach Einarbeitung der Verbesserungsvorschläge wurde der Fragebogen sorgfältig und aufwändig layoutet. Zur optischen Verknüpfung mit der Pädagogisch-Psychologischen Beratungsstelle wurden die Logos der Universität Bielefeld und der Internetseiten der Beratungsstelle für das Design des Deckblattes verwendet. Er wurde im DIN A5 -Format gedruckt. Der EB-E wird nun vorgestellt und kann im Anhang B eingesehen werden.

4.4.2 Beschreibung des Fragebogens EB-E

Der Fragebogen beginnt mit einer ausführlichen Einleitung, in der den Eltern der Aufbau des Fragebogens erklärt wird. Teil A beschäftigt sich mit Fragen zum Zeitraum vor der Beratung, in Teil B geht es um die Beratung selbst und in Teil C folgen Fragen zur derzeitigen Situation. Um Unmut vorzubeugen, werden die Eltern explizit darauf hingewiesen, dass die Formulierungen der Fragen wegen der großen Unterschiedlichkeit der befragten Familien nicht für jeden Einzelfall zutreffend sein werden. Beispielsweise werden nicht alle Eltern ihren Beratungsanlass, z.B. die Abklärung einer Hochbegabung, als

„Problem" ansehen. Weitere Erläuterungen zwischen den Fragen bzw. Frageblöcken sollen den Eltern das richtige Ausfüllen erleichtern.

Zuerst werden soziodemographischen Daten der Kinder abgefragt. Zum einen können sich die Eltern so eingewöhnen und zu anderen kann dadurch in einem Vergleich mit den Aktendaten sicher gestellt werden, dass die Eltern den Fragebogen für das „richtige" Kind ausgefüllt haben. In chronologischer Reihenfolge folgen die drei Teile des Fragebogens. Da vermutet wurde, dass die Eltern erkannte Problemursachen und „beratungsexterne" Einflüsse gerne mitteilen würden, wird ihnen die Möglichkeit dazu in Form von offenen Fragen gegeben. Am Ende werden soziodemographische Daten der Eltern erhoben und es besteht die Gelegenheit, positive und negative Kritik mitzuteilen. Abschließend wird ihnen für die Mitarbeit gedankt.

4.4.2.1 Operationalisierung der Strukturqualität

Die Strukturqualität der Einrichtung wird über die Zufriedenheit mit spezifischen Aspekten erfasst, da erwartet wurde, dass eine pauschalere Bewertung durch die Klienten undifferenziert positiv ausfallen würde. Die Aspekte sind in drei Blöcke unterteilt. Die Aspekte des ersten Blockes (16 Items) können alle Eltern beurteilen. Das Rating ist vierstufig (*völlig unzufrieden – eher unzufrieden – eher zufrieden – völlig zufrieden*). Die Aspekte des zweiten Blockes (8 Items) können nur diejenigen Eltern beurteilen, die damit in der Beratung auch „konfrontiert" waren. Das Rating sieht fast genauso aus wie im ersten Block. Zusätzliche gibt es eine Kategorie *„hätten wir gerne gehabt"*, die die anderen Eltern bei einem entsprechenden Wunsch ankreuzen können. Der dritte Block (4 Items) hat ein fünfstufiges Rating (*zu wenig – eher zu wenig – genau richtig – eher zuviel – zu viel*), da hier Aspekte beurteilt werden sollen, bei denen die bloße Angabe der Unzufriedenheit keine ausreichenden Informationen über die Richtung (zu viel oder zuwenig) liefern würde.

4.4.2.2 Operationalisierung der Prozessqualität

Da die Erfassung der Prozessqualität auf der Grundlage der Selbstbestimmungstheorie erfolgen soll, wurden drei Skalen (Autonomieunterstützung, soziale Eingebundenheit, Kompetenzunterstützung) entwickelt, die die von den Eltern wahrgenommene Erfüllung der drei psychologischen Grundbedürfnisse durch die Berater erfassen. Die Eltern werden jeweils mit einer kurzen Einleitung auf das „Thema" der folgenden Skala vorbereitet. Die Skalen „Autonomieunterstützung" und „Kompetenzunterstützung" bestehen jeweils aus sieben Items, die Skala „Soziale Eingebundenheit" aus sechs. Die Einschätzungen erfolgen auf einem fünfstufigen Rating (*trifft gar nicht zu – trifft eher nicht zu – teils teils – trifft eher zu – trifft völlig zu*). Die Items für die drei Skalen wurden folgenden Fragebögen (Deci & Ryan, 2001a) entnommen, übersetzt und an das Setting „Erziehungsberatung" angepasst.

1. Der „Health Care Climate Questionnaire" (HCCQ) ist ein Fragebogen, der für den Gesundheitsbereich entwickelt wurde, um die Autonomieunterstützung von Ärzten oder anderen Fachkräften aus der Sicht des Patienten zu erfassen. Er existiert in einer Langform mit 15 Items und in einer 6-Item-Version. Die interne Konsistenz (Cronbachs α) der Langform beträgt über .90, die Kurzform kann leicht darunter liegen, ist aber immer noch als gut zu bezeichnen (Deci & Ryan, 2001b). Der Skalenwert wird gebildet, indem die einzelnen Itemwerte gemittelt werden: Je größer dieser Wert, desto höher die wahrgenommene Autonomieunterstützung. Als Grundlage diente die Kurzform dieses Fragebogens.

2. Die „Perceived Competence Scale" (PCS) erfasst, inwieweit sich die Versuchsperson bezüglich einer Aktivität oder eines Gebietes kompetent fühlt. Die Skala besteht aus vier Items, die sprachlich an das jeweilige Setting angepasst werden, und hat eine hohe Augenscheinvalidität (Deci & Ryan, 2001c). Die interne Konsistenz dieser Skala lag in verschiedenen Studien über .80. Auch dieser Skalenwert wird gebildet, indem die einzelnen Itemwerte gemittelt werden.

3. Eine der „Basic Psychological Needs Scales" (BPNS) wurde so konstruiert, dass die Befriedigung der Grundbedürfnisse durch eine persönliche Beziehung erfasst werden kann. Die Skala besteht aus neun Items, die auf drei Subskalen entsprechend den Grundbedürfnissen verteilt sind. Für diese Skala stehen keine Angaben zu Gütekriterien zur Verfügung (Deci & Ryan, 2001e).

4. Das „Intrinsic Motivation Inventory" (IMI) hat sieben Subskalen mit insgesamt 45 Items, die je nach Forschungsinteresse zusammengestellt werden

können. Da die Items innerhalb der Subskalen stark überlappen, können die Skalen auch in gekürzten Formen verwendet werden. Eine Subskala mit acht Items, die sich auf die Erfahrung sozialer Eingebundenheit bezieht, war Grundlage für den EB-E. Ihre Validität ist noch nicht belegt (Deci & Ryan, 2001d).

Zusätzlich zu diesen Prozessvariablen wurde eine Skala aus den „Fragebögen zur Beurteilung der Behandlung“ (FBB[1]; Mattejat & Remschmidt, 1998a) mit einbezogen. Die FBB sind so konzipiert, dass sie unabhängig von den jeweiligen Therapiemethoden und -settings zur Qualitätssicherung einer kinderpsychotherapeutischen oder -psychiatrischen Behandlung eingesetzt werden können. Aus der FBB-Skala zur Beurteilung des Behandlungsverlaufes wurden sechs Items übernommen. Die restlichen Items dieser Skala überschnitten sich so stark mit den selbstbestimmungstheoretischen Items zur Prozessqualität, dass sie aus ökonomischen Gründen nicht übernommen wurden. Die ausgewählten Items wurden sprachlich angepasst und werden anhand des ebenfalls übernommenen fünfstufigen Ratings (*überhaupt nicht/niemals – kaum/selten – teilweise/manchmal – überwiegend/meistens – ganz genau/immer*) bewertet. Da drei Items dieser Skala üblicherweise als klassische Items für die Gesamtzufriedenheit – einem Erfolgskriterium – gelten, wurden sie zu einer eigenen Skala zusammengefasst, die bei der Operationalisierung der Ergebnisqualität vorgestellt wird. Für die FBB gibt es Prozentrangtabellen und Richtlinien zur Interpretation der Ergebnisse.

4.4.2.3 Operationalisierung der Ergebnisqualität

Für den Beratungserfolg gibt es verschiedene Kriterien. So wurden in der vorliegenden Studie das Ausmaß, die Auftretensbereiche und die Häufigkeit der Probleme, deren Veränderung, die Lebensqualität des Kindes, die Belastung von Kind, Eltern und Familie, die Gesamtzufriedenheit und der generelle Beratungserfolg erfasst.

---

[1] Bezugsquelle der „Fragebögen zur Beurteilung der Behandlung“ (FBB): Testzentrale Göttingen, Robert-Bosch-Breite 25, 37079 Göttingen, Tel: 0551/50680, Fax: 0551/5068824

Um diese Kriterien zu erheben, wurden verschiedene Methoden angewandt. Diese variieren auf zwei Dimensionen (s. Tabelle 4.2). Zum einen gibt es direkte und indirekte Maße (Amelang & Zielinski, 1997, S. 481f.; vgl. auch Schulte, 1993). Während bei den direkten Maßen der gemessene Wert als Erfolgskriterium dient, ist bei den indirekten Maßen der Unterschied „vor der Beratung – heute" entscheidend. Zum anderen variieren die Maße darin, wie viele kognitive Schritte die Eltern zur Beurteilung machen müssen. Innerhalb der allgemein sehr subjektiven Elternbeurteilungen gibt es verhaltensnähere Maße, die etwas weniger subjektiv sind, und verhaltensfernere Maße, die eine höhere Interpretationsleistung bei der Bewertung verlangen. Während zu den verhaltensnäheren Maßen Problem- bzw. Symptombeobachtungen zählen, gehören zu den verhaltensferneren Maßen Lebensqualität, Belastung, Gesamtzufriedenheit und eine generelle Erfolgsbeurteilung.

Tabelle 4.2
Zwei Dimensionen der Erfolgsmaße

	Indirekt („vorher – heute")	Direkt
verhaltensnah	Probleme (Ausmaß, Bereiche, Häufigkeit)	Probleme (Veränderung)
verhaltensfern	Lebensqualität, Belastung (Kind, Eltern, Familie)	Gesamtzufriedenheit, generelle Erfolgsbeurteilung

Bei dem indirekten Erfolgskriterium bezüglich der Probleme soll deren Ausmaß, die Auftretensbereiche und die Häufigkeit zweimal beurteilt werden, nämlich (retrospektiv) vor der Beratung und zum heutigen Zeitpunkt. Um das *Ausmaß* zu beurteilen, liegt den Eltern eine Art Symptomcheckliste mit einem vierstufigen Rating (*trifft gar nicht zu – trifft eher nicht zu – trifft eher zu – trifft völlig zu*) vor. Da in der Literatur keine für das Klientel einer Erziehungsberatungsstelle geeignete Checkliste gefunden wurde, die einschlägig und auch kurz genug gewesen wäre, um sie von den Eltern bearbeiten zu lassen, wurde eine eigene erstellt. Dabei wurden zum einen die offiziellen Diagnosesysteme für psychische Störungen (DSM IV nach Saß, Wittchen & Zaudig, 1996; ICD-10, Kap. V nach Dilling, Mombour & Schmidt, 1991; Remschmidt & Schmidt, 1994) und verschiedene Lehrbücher zur Kinderpsychopathologie (Petermann, 2000; Steinhausen, 1996) berücksichtigt und zum anderen auf Erfahrungen aus der bisherigen Evaluation der Pädagogisch-Psychologischen Beratungsstelle zurückgegriffen. Eine Liste mit 18 Problemen und einer offenen Restkategorie entstand. Als mögliche *Auftretensbereiche* waren Schule, Familie und Freizeit vorgegeben. Auch hier wird den Eltern eine offene Restkategorie angeboten und es gibt das gleiche vierstufige Rating zur Beurteilung. Die *Problemhäufigkeit* wird fünfstufig erfasst (*mehrmals täglich – täglich – mehrmals wöchentlich – mehrmals monatlich – seltener*).

Als direktes Erfolgskriterium hinsichtlich der Probleme wird danach gefragt, wie sich die *Situation* durch die Beratung insgesamt *verändert* hat. Dies wird mit einem fünfstufigen Rating erfasst (*deutliche Besserung – leichte Besserung – keine Veränderung – leichte Verschlechterung – deutliche Verschlechterung*). Die Abstufungen wurden absichtlich so gewählt, dass „keine Veränderung“ in der Mitte lag und „darunter“ weitere Kategorien folgten, um die aus ähnlichen Untersuchungen bekannte starke Tendenz zu sozial erwünschten (und eventuell dissonanzreduzierenden) positiven Antworten bei den Eltern möglichst gering zu halten und so die Chancen auf eine große Varianz zu verbessern. So sollte die Hemmschwelle, etwas Negatives anzugeben, reduziert werden.

Zur Erfassung der *Lebensqualität* wurde das „Inventar zur Erfassung der Lebensqualität bei Kindern und Jugendlichen“ (ILK) von Mattejat et al. (1998) sprachlich an die retrospektive „Vorher“- und die „Heute“-Einschätzung angepasst und in den Fragebogen aufgenommen. Das ILK hat ein fünfstufiges Rating (*sehr gut – eher gut – teils teils – eher schlecht – sehr schlecht*). Mattejat et al. (1998) weisen auf folgende Vorteile des Verfahrens hin: Erstens wird die Lebensqualität mehrdimensional erfasst (Bereiche: Schule, Familie, andere Kinder, alleine, Gesundheit, Nerven/Laune, alles zusammen). Zweitens gibt es neben einem Kinder- und Jugendlichenfragebogen auch einen für Eltern. Drittens ist es breit anwendbar, da es weder alters- noch krankheitsspezifisch ist. Viertens ist es für Therapieevaluation und Qualitätssicherung geeignet. Schließlich ist es ökonomisch und praktikabel. Die noch laufende Pilotstudie zum ILK von Mattejat et al. (1998) zeigte bereits, dass das ILK von den Versuchspersonen gut akzeptiert wird. Sie stellen die vorläufigen Ergebnisse einer anfallenden poliklinischen Stichprobe (N = 90) und einer Gymnasiastenstichprobe (N = 114) vor. Während bei der Gymnasiastenstichprobe nur die Jugendlichen selbst befragt wurden, wurden bei der poliklinischen Stichprobe sowohl die Kinder bzw. Jugendlichen als auch deren Eltern befragt. Mittelwerte und Standardabweichungen werden für alle Items vorgestellt. Auf ausführlichere statistische Analysen wurde bisher wegen der zu geringen Fallzahlen allerdings verzichtet.

Als Maß für die *Belastung* von Kind und Eltern durch das Problem wurden die beiden entsprechenden Items aus dem ILK übernommen und um ein weiteres Item zur Stimmung bzw. Klima in der Familie ergänzt. Von den Items zur Problembelastung gibt es jeweils eine „Vorher"- und eine „Heute"-Version. Das fünfstufige Antwortrating (*überhaupt nicht belastet – wenig belastet – mäßig belastet – stark belastet – sehr stark belastet*) für diese Items wurde aus dem ILK übernommen.

Schließlich werden noch zwei globale Erfolgsmaße erhoben, die den Beratungserfolg direkt messen und eher als verhaltensfern einzustufen sind. Dies ist zum einen die *Gesamtzufriedenheit* mit der Beratung, die über drei sprachlich angepasste Items der FBB-Skala „Prozess" mit dem vorgegebenen fünfstufigen Rating (*überhaupt nicht/niemals – kaum/selten – teilweise/manchmal – überwiegend/meistens – ganz genau/immer*) erfasst wird. Da diese drei Items üblicherweise der Ergebnisqualität zugeordnet werden, sollen sie auch in dieser Studie als Kriterium für den Beratungserfolg dienen. Klassischerweise wird danach gefragt, ob die Eltern bei einem anderen Problem wiederkommen würden, ob sie die Beratungsstelle Freunden und Bekannten empfehlen würden und ob sie mit der Beratung zufrieden sind. Zum anderen ist dies die *Skala „Erfolg"* aus den *FBB*. Sie besteht aus sieben sprachlich angepassten Items. Hier wird dasselbe fünfstufige Rating wie bei der FBB-Skala „Prozess" verwendet. Auch für die FBB-Skala „Erfolg" gibt es Prozentrangtabellen und Richtlinien zur Interpretation der Ergebnisse.

4.4.2.4 Weitere deskriptive Items zur Evaluation der Pädagogisch-Psychologischen Beratungsstelle

Neben der Struktur-, Prozess- und Ergebnisqualität der Pädagogisch-Psychologischen Beratungsstelle wurden Informationen erhoben, die eine detailliertere Beschreibung des Klientels ermöglichen und beispielsweise wertvolle Hinweise darauf geben, wie Klienten von dieser Beratungsstelle erfahren oder warum sie sich für diese Beratungsstelle entscheiden (s. Tabelle 4.3). Die genauen Formulierungen und Antwortformate der Items können dem Fragebogen EB-E im Anhang B entnommen werden.

Tabelle 4.3
Weitere Items aus dem EB-E

Item	Itemnummer im EB-E [a]
Ausfüller des Fragebogens	A1
Initiative (Erste Person, die daran gedacht hat, eine Beratung in Anspruch zu nehmen)	A2
Information über die Beratungsstelle	A3
Entscheidung für die Beratungsstelle	A4
Problemdauer vor der Beratung	A9
Entscheidungsdauer (Delay Entschluss zur Beratung – Kontaktaufnahme mit der Beratungsstelle)	A10
Erfolgserwartung	A12
In Anspruch genommene Leistungen der Beratungsstelle	B1
Wichtigkeit bestimmter Beratungsaspekte	B2
Entlastung durch die Beratung	B3
Aufwand für die Beratung	B4
Sonstige Hilfen vor und während der Beratung, heute und nie	B5
Vorzeitiger Abbruch und durch wen	B10
Wunsch nach Fortsetzung der Beratung und warum	B11+B12

Anmerkung. [a] Anhand der Itemnummer können die genauen Formulierungen und Antwortformate der einzelnen Items dem EB-E im Anhang B entnommen werden.

4.5 AKTENDATEN

Neben dem Fragebogen standen auch die Akten der Beratungsstelle als Datenquelle zur Verfügung. Diese Informationen waren – im Gegensatz zu den Fragebogendaten – für alle angeschriebenen Fälle vorhanden. Aus den Akten stammen Daten, die eine Beschreibung der gesamten angeschriebenen Stichprobe und darüber hinaus einen Vergleich der „Nicht-Antwortenden“ mit den „Antwortenden“ (Rücklaufstichprobe) erlauben, so dass deren Repräsentativität geprüft werden kann. Aus den Akten liegen folgende Angaben vor: Geschlecht, Alter und Schule des Kindes, Familiensituation, berufliche Situation der Eltern, Anmeldegründe der Eltern, Dauer und Anzahl der Beratungen und Initiative zur Beratung. Weiterhin wurde festgestellt, wie viel Zeit zwischen dem Ende der Beratung und dem Erhalt des Fragebogens vergangen ist („Delay Beratung – Fragebogen“).

Eine Übersicht zu allen erhobenen Variablen gibt Tabelle 4.4.

Tabelle 4.4
Zusammenfassung der erhobenen Variablen

	EB-E	Akten
Strukturvariablen	Zufriedenheit mit einzelnen Aspekten	
Prozessvariablen	SBT (Autonomie-, Kompetenzunterstützung, soziale Eingebundenheit), FBB-Skala „Prozess"	
Ergebnisvariablen	Probleme (Ausmaß, Bereiche, Häufigkeit, Veränderung), Lebensqualität, Belastung (Kind, Eltern, Familie), Gesamtzufriedenheit, FBB-Skala „Erfolg"	
Soziodem. Angaben (Kind / Eltern)	Geschlecht, Alter und Schule des Kindes, Familiensituation, Schulbildung und berufl. Situation der Eltern	Geschlecht, Alter und Schule des Kindes, Familiensituation, berufl. Situation der Eltern
Weitere deskriptive Items zur Evaluation der Beratungsstelle	Ausfüller, Initiative, Information, Entscheidungsgründe, Problemdauer, Entscheidungsdauer, Erfolgserwartung, Leistungen, Beratungsaspekte, Entlastung, Aufwand, sonstige Hilfen, vorzeitiger Abbruch und durch wen, Wunsch nach Fortsetzung und warum, Fragebogeneingang	Initiative, Anmeldegründe, Dauer, Anzahl, Delay Beratung – Fragebogen

5 HYPOTHESEN

Zum einen soll die Validität des Fragebogens EB-E auf der Grundlage der Selbstbestimmungstheorie untersucht werden (siehe Hypothesen unter 5.1). Zum anderen soll die Pädagogisch-Psychologische Beratungsstelle evaluiert werden, dafür werden die Strukturqualität der Beratungsstelle (siehe Hypothesen unter 5.2), die Prozessqualität der Beratungsarbeit (siehe Hypothesen unter 5.3) und der Beratungserfolg (siehe Hypothesen unter 5.4) untersucht.

5.1 HYPOTHESEN ZUR VALIDIERUNG DES FRAGEBOGENS

Zur Validierung des Fragebogens EB-E soll untersucht werden, ob er den selbstbestimmungstheoretisch begründeten Zusammenhang der Prozessqualität mit dem Beratungserfolg widerspiegeln kann. Die einzelnen Kriterien der Ergebnisqualität sollen umso besser beurteilt werden, je stärker die einzelnen psychischen Grundbedürfnisse im Beratungsprozess befriedigt wurden.

Problemausmaß

1. Je größer die wahrgenomme Autonomieunterstützung ist, ...
2. Je größer die wahrgenomme Soziale Eingebundenheit ist, ...
3. Je größer die wahrgenomme Kompetenzunterstützung ist, ...

... desto geringer ist das Problemausmaß nach der Beratung unter Beachtung des Problemausmaßes vor der Beratung.

Problembereiche

1. Je größer die wahrgenomme Autonomieunterstützung ist, ...
2. Je größer die wahrgenomme Soziale Eingebundenheit ist, ...
3. Je größer die wahrgenomme Kompetenzunterstützung ist, ...

... desto geringer sind die Problembereiche nach der Beratung unter Beachtung der Problembereiche vor der Beratung ausgeprägt.

Problemhäufigkeit

1. Je größer die wahrgenomme Autonomieunterstützung ist, ...
2. Je größer die wahrgenomme Soziale Eingebundenheit ist, ...
3. Je größer die wahrgenomme Kompetenzunterstützung ist, ...

... desto geringer ist die Problemhäufigkeit nach der Beratung unter Beachtung der Problemhäufigkeit vor der Beratung.

Lebensqualität

1. Je größer die wahrgenomme Autonomieunterstützung ist, ...
2. Je größer die wahrgenomme Soziale Eingebundenheit ist, ...
3. Je größer die wahrgenomme Kompetenzunterstützung ist, ...

... desto größer ist die Lebensqualität nach der Beratung unter Beachtung der Lebensqualität vor der Beratung.

Belastung

1. Je größer die wahrgenomme Autonomieunterstützung ist, ...
2. Je größer die wahrgenomme Soziale Eingebundenheit ist, ...
3. Je größer die wahrgenomme Kompetenzunterstützung ist, ...

... desto geringer ist die Belastung nach der Beratung unter Beachtung der Belastung vor der Beratung.

Direkte Problemverbesserung

1. Je größer die wahrgenomme Autonomieunterstützung ist, ...
2. Je größer die wahrgenomme Soziale Eingebundenheit ist, ...
3. Je größer die wahrgenomme Kompetenzunterstützung ist, ...

... desto größer ist die direkte Problemverbesserung.

Gesamtzufriedenheit

1. Je größer die wahrgenomme Autonomieunterstützung ist, ...

2. Je größer die wahrgenomme Soziale Eingebundenheit ist, ...
3. Je größer die wahrgenomme Kompetenzunterstützung ist, ...

... desto größer ist die Gesamtzufriedenheit mit der Beratung.

Generelle Erfolgsbeurteilung

1. Je größer die wahrgenomme Autonomieunterstützung ist, ...
2. Je größer die wahrgenomme Soziale Eingebundenheit ist, ...
3. Je größer die wahrgenomme Kompetenzunterstützung ist, ...

... desto besser ist die generelle Erfolgsbeurteilung der Beratung.

5.2 HYPOTHESEN ZUR STRUKTURQUALITÄT

Zur Feststellung der Strukturqualität soll untersucht werden, ob die Eltern mit spezifischen strukturellen Aspekten sehr zufrieden sind.

Die Eltern sind sehr zufrieden mit ...

1. ... der Lage/Erreichbarkeit der Beratungsstelle.
2. ... den Öffnungszeiten der Beratungsstelle.
3. ... der telefonischen Erreichbarkeit der Beratungsstelle.
4. ... der Wartezeit bis zur Aufnahme.
5. ... den Räumlichkeiten der Beratungsstelle.
6. ... der Atmosphäre der Beratungsstelle.
7. ... der Flexibilität bei Terminabsprachen.
8. ... den Teilnehmern am Elterngespräch.
9. ... der fachliche Kompetenz der Berater.
10. ... der Auswahl an Angeboten der Beratungsstelle.
11. ... der Überschaubarkeit der Angebote der Beratungsstelle.
12. ... der Anzahl der Beratungskontakte.
13. ... der Anzahl der Elterngespräche.
14. ... der Anzahl der psychologischen Tests.

15. ... der Anzahl der Fachkräfte bei den Gesprächen.

5.3 HYPOTHESEN ZUR PROZESSQUALITÄT

Zur Feststellung der Prozessqualität soll untersucht werden, ob die Eltern sie zum einen pauschal in Anlehnung an den Kinderpsychotherapiebereich und zum anderen differenziert nach selbstbestimmungstheoretisch begründeten Merkmalen gut bewerten.

Die Eltern bewerten...

1. ... den Beratungsprozess pauschal als gut.
2. ... die Autonomieunterstützung durch die Berater gut.
3. ... die Soziale Eingebundenheit durch die Berater gut.
4. ... die Kompetenzunterstützung durch die Berater gut.

5.4 HYPOTHESEN ZUR ERGEBNISQUALITÄT

Zur Feststellung des Beratungserfolges soll untersucht werden, ob die Eltern verschiedene Erfolgskriterien positiv bewerten. Direkt gemessene Erfolgskriterien sollen sehr gut beurteilt werden und bei indirekt gemessenen Erfolgskriterien soll eine Verbesserung zu erkennen sein.

Veränderung der Probleme

1. Die Probleme haben sich verbessert.
2. Das Problemausmaß ist nach der Beratung geringer als vor der Beratung.
3. Die Problembereiche sind nach der Beratung geringer ausgeprägt als vor der Beratung.
4. Die Problemhäufigkeit ist nach der Beratung geringer als vor der Beratung.

Lebensqualität

1. Die Lebensqualität ist nach der Beratung größer als vor der Beratung.

Belastung (des Kindes, der Eltern und der Familie) durch die Problematik

2. Die Belastung ist nach der Beratung geringer als vor der Beratung.
3. Die Belastung des Kindes ist nach der Beratung geringer als vor der Beratung.
4. Die Belastung der Eltern ist nach der Beratung geringer als vor der Beratung.
5. Die Belastung der Familie ist nach der Beratung geringer als vor der Beratung.

Globale Erfolgsmaße

1. Die Gesamtzufriedenheit mit der Beratung ist sehr groß.
2. Die generelle Erfolgsbeurteilung der Beratung ist sehr gut.

6 ERGEBNISSE

Zuerst wird die Rücklaufstichprobe auf ihre Repräsentativität hin untersucht und dann werden die deskriptiven Items für die Pädagogisch-Psychologische Beratungsstelle ausgewertet (Abschnitt 6.1). Anschließend werden die psychometrischen Eigenschaften des Fragebogens EB-E dargestellt und die Hypothesen zur Validierung untersucht (Abschnitt 6.2). Zum Schluss wird die Beratungsstelle anhand der Hypothesen zur Struktur-, Prozess- und Ergebnisqualität evaluiert (Abschnitte 6.3 bis 6.5).

Die Auswertungen der Daten wurden mit SPSS10 durchgeführt. Da dieses Statistikprogramm allerdings die Berechnung von Effektgrößen nicht standardmäßig vorsieht, wurden diese mit Hilfe eines Taschenrechners nach den entsprechenden Formeln von Bortz und Döring (1997, S. 567ff.) bestimmt. Die Korrelationskoeffizienten wurden – soweit nicht anders angegeben – nach Pearson berechnet. Die weiteren Analyseverfahren werden jeweils zu Beginn der betreffenden Abschnitte vorgestellt.

6.1 RÜCKLAUFSTICHPROBE

Die Repräsentativität der Rücklaufstichprobe wird in Abschnitt 6.1.1 überprüft. Im Abschnitt 6.1.2 werden dann die deskriptiven Items ausgewertet, die zur Evaluation der Beratungsstelle neben der Struktur-, Prozess- und Ergebnisqualität wichtig oder interessant sind. Die Angaben können später auch bei der Einordnung der Ergebnisse hilfreich sein. Bei einzelnen Items wird für detailliertere Informationen auf ausführlichere Ergebnistabellen im Anhang C verwiesen.

6.1.1 Repräsentativität der Rücklaufstichprobe

Von den 100 angeschriebenen Familien konnten 4 Familien nicht erreicht werden, weil sie unbekannt verzogen sind. Insgesamt nahmen 62 Eltern an der Befragung teil und schickten ihren Fragebogen zurück, die Rücklaufquote beträgt somit 64.6%. Davon antworteten 15 Familien spontan, 16 schickten den Fragebogen nach einer Erinnerungspostkarte zurück und 9 Eltern ließen sich bei einer Telefonaktion von der Teilnahme an der Befragung überzeugen. Bei 22 Familien konnte der Zeitpunkt des Fragebogeneingangs aus organisatorischen Gründen nicht exakt genug festgestellt werden (vgl. Abschnitt 4.2). Nur 34 Eltern beteiligten sich nicht an der Befragung. Im telefonischen Kontakt gaben einige Eltern dafür verschiedene Gründe an, wie z.B. Desinteresse oder Zeitmangel. In 59 Fällen füllte ein Familienmitglied den Fragebogen aus, meist waren dies die Mütter (vgl. Tabelle C1).

Zur Beurteilung der Repräsentativität der Rücklaufstichprobe („Antworter") wurde diese mit den „Nicht-Antwortern" verglichen (s. Tabelle C2). Je nach dem Skalenniveau der entsprechenden Angaben wurden die beiden Gruppen mittels t-Test (bei Varianzgleichheit) bzw. Welch-Test (bei Varianzungleichheit) und Chi ^{2}-Test auf soziodemographische Unterschiede untersucht. Da die Vergleiche auf den Aktendaten beruhen, beziehen sich alle Angaben auf den Zeitpunkt zum Beratungsbeginn.

In Bezug auf die Beratungsdauer, die Anzahl der Beratungen, Initiative zur Beratung und die Zeitspanne vom Ende der Beratung bis zum Erhalt des Fragebogens unterscheiden sich die antwortenden und nicht-antwortenden Familien auf dem 5%-Niveau nicht signifikant voneinander. Ebenfalls keine signifikanten Unterschiede bestehen in den Nennungen bei den häufigsten Anmeldegründen. Ein signifikanter Unterschied besteht jedoch in Bezug auf das durchschnittliche Alter der Kinder zu Beratungsbeginn (Antworter: 8.90 Jahre; Nicht-Antworter: 10.62 Jahre; t = 2.13; df = 46; p = .04 [zweiseitig]). Dafür ist teilweise ein 27-jähriger Ausreißer bei den Nicht-Antwortern verantwortlich, ohne den der Gruppenmittelwert auf 10.12 Jahre und das Signifikanzniveau des Unterschieds auf p = .05 (t = 2.01; df = 93 [zweiseitig]) sinkt. Keine signifikanten Unterschiede gibt es weiterhin beim Geschlecht der Kinder, der Anzahl der Geschwister, der Familienzusammensetzung, der Schulform und dem ausgeübten Beruf der Eltern.

Abgesehen davon, dass die Kinder der teilnehmenden Familien im Mittel etwas jünger sind als die der nicht-teilnehmenden Familien, kann die Rücklaufstichprobe im Hinblick auf die untersuchten Variablen als repräsentativ für die angeschriebene Stichprobe gelten.

6.1.2 Weitere deskriptive Informationen für die Pädagogisch-Psychologische Beratungsstelle

Die Eltern sind häufig durch Freunde und Bekannte oder durch Lehrer auf die Pädagogisch-Psychologische Beratungsstelle aufmerksam geworden. Einige Eltern haben die Information von Ärzten bekommen, vereinzelt werden verschiedene einschlägige Initiativen und Vereine genannt. Überhaupt keine Rolle spielt hierbei das Internet (s. Tabelle C3).

Zu diesem „Schneeball-Informationssystem" passt auch, dass die Entscheidung für diese Beratungsstelle vor allem aufgrund von Empfehlungen fiel. Wichtig war den Eltern darüber hinaus, dass die Leistungen kostenlos sind, dass die Beratungsstelle einen guten Ruf hat und günstig liegt. Der Aspekt „kurze Wartezeit" gab nur selten den Ausschlag, sich an die Pädagogisch-Psychologische Beratungsstelle zu wenden. Nur eine Familie gab an, sich an die „erstbeste Adresse" genommen zu haben (s. Tabelle C4).

Bei den meisten Familien bestanden die Probleme schon länger als ein halbes Jahr vor der Beratung (89.6%). Die Entscheidung zur Beratung dauerte in 49.2% der Fälle dagegen nur wenige Wochen, weitere 38.9% brauchten zwischen 2 und 12 Monaten zur Entscheidung (s. Tabelle C5). In 23.3% der Fälle entsprechen sich Problem- und Entscheidungsdauer, nur in einem Fall lag die Entscheidungsdauer über der Dauer des Problems, bei allen anderen Familien gab es das Problem schon vor der Entscheidung zur Beratung (s. Tabelle C6).

Die Idee, eine Beratung in Anspruch zu nehmen, stammt zu 62.9% von den Müttern, zu 11.3% von den Lehrern bzw. der Schule, zu jeweils 4.8% von den Vätern und beiden Elternteilen gemeinsam (s. Tabelle C7). Weiterhin werden noch Ärzte (3.2%), weitere Familienmitglieder (3.2%), Sozialarbeiter (1.6%), Freunde (1.6%), psychosoziale Fachkräfte (1.6%), Pastor und Kombinationen der genannten (4.8%) angegeben. Diese Angaben aus dem Fragebogen stimmen gut mit den Angaben aus den Akten überein, wer die Initiative zur Beratung ergriffen hat (Kontingenzkoeffizient C =.89, p =.00). In den meisten Fällen kommt die Initiative zur Beratung in den Familien selbst zustande (s. Tabelle C8).

Vor der Pädagogisch-Psychologischen Beratungsstelle haben 24.2% der Eltern schon andere Erziehungsberatungsstellen ausprobiert. Viele Eltern ließen und/oder lassen ihre Kinder schulisch, sprachlich und/oder motorisch fördern. Immerhin 12.9% der Familien haben nie eine andere Hilfe in Anspruch genommen (s. Tabelle C9).

Eine vollständige Besserung des Problems haben nur 3.5% der Eltern vor der Beratung erwartet. Die meisten Eltern geben an, eine leichte (29.8%) oder deutliche (57.9%) Verbesserung erwartet zu haben. Immerhin 8.8% der Eltern haben keine Veränderung des Problems erwartet (s. Tabelle C10).

Ein Abklärung des Problems und Diagnose nutzen 83.6% der Eltern. Auch Elterngespräche (60.7%), Spiele/Gespräche mit dem Kind (42.6%), Gutachten (47.5%) und Förderung (24.6%) werden von vielen Eltern in Anspruch genommen. Nur vereinzelt werden folgende Beratungsleistungen genutzt: Familiengespräche, Schulbesuche und Überweisungen (s. Tabelle C11).

Zu einer Bewertung verschiedener Aspekte ihrer Beratungen aufgefordert, ist den Eltern die Abklärung des Problems besonders wichtig. Dann folgen Tipps zur Selbsthilfe und Information über das Problem. Nicht so wichtig scheint eine Problemlösung durch die MitarbeiterInnen zu sein (s. Tabelle 6.1).

Tabelle 6.1
Wichtigkeit verschiedener Beratungsaspekte

	N	*M*	*S*	*Min*	*Max*
Diagnose	61	3.85	0.36	3	4
Information über das Problem	59	3.73	0.52	2	4
Problemlösung durch Mitarbeiter	55	2.71	1.03	1	4
Tipps zur Selbsthilfe	56	3.75	0.51	2	4
Andere Aspekte	7	2.86	1.46	1	4

Anmerkung. Die Antwortmöglichkeiten sind folgendermaßen kodiert: 1 = *„völlig unwichtig"*, 2 = *„eher unwichtig"*, 3 = *„eher wichtig"*, 4 = *„sehr wichtig"*.

Die Entlastung durch die Beratung ist durchschnittlich größer als der Aufwand hierfür. Von einer deutlichen Mehrheit der Familien wurde die Entlastung größer eingeschätzt als der Aufwand (n = 34). Bei 8 Familien war dieses Verhältnis ausgeglichen und bei 16 Familien überstieg der Aufwand die Entlastung (s. Tabellen C12 und C13).

Von den Eltern geben 13.8% (n = 8) an, die Beratung vorzeitig abgebrochen zu haben. Durch den Berater und durch das Kind selbst wurde jeweils eine

Beratung abgebrochen, zwei Beratungen wurden aufgrund äußerer Umstände vorzeitig beendet und drei Eltern kreuzten „andere Gründe“ an, die nicht näher erläutert wurden. Eine Familie macht hierzu keine Angaben.

Immerhin 25.9% der Eltern hätten die Beratung gerne weiter fortgesetzt. Zu einer Bewertung möglicher Gründe für diesen Wunsch auf einer Skala von eins bis vier aufgefordert (s. Tabelle 6.2), stimmen die Eltern einer mangelnden Umsetzung in den Alltag „eher zu“. Auch Wünsche nach weiterer Problemverbesserung und nach mehr Sicherheit und Routine spielen eine wichtige Rolle. Schließlich stimmen die Eltern „eher zu“, dass es ohne Beratung an Motivation mangelt. Weniger wichtig scheint der Wunsch nach mehr Tipps und Anleitung zu sein.

Tabelle 6.2
Gründe für den Wunsch nach einer Fortsetzung der Beratung

	N	*M*	*S*	*Min*	*Max*
Wunsch nach weiterer Problemverbesserung	11	2.91	0.83	1	4
Wunsch nach mehr Tipps und Anleitung	9	2.56	1.01	1	4
Wunsch nach mehr Sicherheit und Routine	11	2.82	0.87	1	4
Mangelnde Umsetzung im Alltag	11	3.00	0.77	1	4
Mangelnde Motivation ohne Beratung	10	2.80	0.92	1	4
Weitere Wünsche	2	4.00	0.00	4	4

Anmerkung. Die Antwortmöglichkeiten sind folgendermaßen kodiert: 1 = *„trifft gar nicht zu“*, 2 = *„trifft eher nicht zu“*, 3 = *„trifft eher zu“*, 4 = *„trifft völlig zu“*.

Um die Schul- und Berufsbildung für die Mütter und für die Väter zu einem Wert zusammenzufassen, wurden die beiden Angaben in Anlehnung an Frietsch und Wirth (2001) in sogenannte „Bildungsjahre“ umgerechnet (für die einzelnen Angaben vgl. Tabellen C14 und C15). Die Mütter und auch die Väter haben danach zwischen 9 und 18 Bildungsjahre absolviert. Der Mittelwert der Mütter liegt bei 15.18 Jahren (S = 2.96; MD = 15.50), der Mittelwert der Väter liegt leicht darunter (M = 14.87; S = 3.23; MD = 15.50). Bei 9.7% der Familien sind beide Eltern voll berufstätig, bei 19.4% ist der Vater voll berufstätig, während die Mutter als Hausfrau arbeitet, den umgekehrten Fall gibt es in 3.2% der Familien. In 53.2% der Fälle sind beide Eltern oder mindestens 1 Elternteil teilzeitbeschäftigt.

6.2 PSYCHOMETRISCHE EIGENSCHAFTEN DES FRAGEBOGENS EB-E

Die psychometrische Beschreibung soll dazu dienen, die „Funktionstüchtigkeit“ der einzelnen Bestandteile des Fragebogens zu überprüfen. Sie erfolgt angepasst an das jeweilige Datenniveau der einzelnen Items bzw. Skalen (Nominal-, Rang- und Intervallskalenniveau). Je nach Niveau werden Häufigkeiten, Mittelwerte, Modalwerte, Standardabweichungen, Range und die Anzahl fehlender Werte betrachtet. Bei den Skalen werden Kriterien wie Reliabilität, (korrigierte) Trennschärfe, Itemschwierigkeit und interne Konsistenz (Cronbachs α) berechnet. Die Validität der Ergebniskriterien wird anhand der Selbstbestimmungstheorie überprüft. Von einer guten Objektivität kann aufgrund der Konstruktionsprinzipien des Fragebogens ausgegangen werden (vgl. Abschnitt 4.4.1). Die inhaltliche Auswertung der Daten erfolgt anschließend in den Abschnitten 6.3 bis 6.5, wo die Struktur-, Prozess- und Ergebnisqualität der Pädagogisch-Psychologischen Beratungsstelle untersucht wird.

6.2.1 Psychometrische Ergebnisse zur Strukturqualität im EB-E

Unter den einzelnen Aspekten, zu denen die Eltern ihre Zufriedenheit angeben sollten, sind auch einige zur Prozessqualität. Da die Prozessqualität jedoch in gesonderten Skalen ausreichend erfasst wird, werden für die weitere Auswertung nur die Strukturaspekte berücksichtigt.

Die Zufriedenheitswerte mit den einzelnen Aspekten der Strukturqualität fallen durchweg sehr hoch aus. So sind die Mittelwerte maximal eine Kategorie schlechter als die ideale, bei einigen Aspekten geht der Range nur über die zwei oder drei besten der vier Kategorien. Es gibt also wie erwartet einen deutlichen Deckeneffekt bei diesen Items. Zwischen den einzelnen Mittelwerten sind jedoch Unterschiede vorhanden, so dass Vergleiche zwischen den einzelnen Aspekten möglich sind. Auch die Varianzen in der Beurteilung der Aspekte fallen unterschiedlich aus (0.35 - 0.95). Die einzelnen Werte werden in Tabelle 6.14 im Abschnitt zur Strukturqualität der Pädagogisch-Psychologischen Beratungsstelle aufgeführt.

Um die Unterschiede zwischen den einzelnen Aspekten stärker hervorzuheben, wurden die Items zusätzlich dichotomisiert, indem eine Kategorie für

„völlig zufrieden“ bzw. „genau richtig“ und eine weitere für die restlichen Kategorien gebildet wurden („nicht völlig zufrieden“ bzw. „nicht genau richtig“).

6.2.2 Psychometrische Ergebnisse zur Prozessqualität im EB-E

Für die drei Skalen nach der Selbstbestimmungstheorie wurden Reliabilitätsanalysen durchgeführt. Die Skalen zur Autonomieunterstützung (α = .86) und zur Sozialen Eingebundenheit (α = .90) weisen hohe bis sehr hohe interne Konsistenzen auf (s. Tabellen 6.3 und 6.4).

Tabelle 6.3
Reliabilitätsanalyse der Skala „Autonomieunterstützung" (Mittelwerte, Standardabweichungen, korrigierte Trennschärfen, Cronbachs α) und Korrelationen der einzelnen Items mit den beiden anderen Skalen

		Reliabilitätsanalyse (n = 48; α = .86)					
	Herkunft der Items	M	S	r_{it}	α [a]	$r_{soz. Eing.}$ (n = 48)	$r_{Komp.}$ (n = 47)
Aufzeigen von Lösungswegen	HCCQ 1	3.98	1.12	.70	.84	.46**	.67**
Unterstützung zur Eigenständigkeit	HCCQ 4	3.63	1.23	.58	.86	.34*	.58**
Ermutigung zum Fragen stellen	HCCQ 7	4.06	0.91	.73	.83	.43**	.45**
Offenheit für eigene Ideen	HCCQ 10	4.04	0.99	.78	.83	.47**	.53**
Offenheit für eigene Sichtweisen	HCCQ 14	3.91	1.00	.80	.82	.48**	.51**
Offenheit für eigene Meinung	BPNS 5	4.04	0.94	.65	.84	.35*	.48**
Unzufriedenheit bei Nicht-Beachtung der Vorschläge [b]	BPNS 9	4.71	0.68	.21	.89	.57**	.53**

Anmerkungen. Die Antwortmöglichkeiten sind folgendermaßen kodiert: 1 = *„trifft gar nicht zu"*, 2 = *„trifft eher nicht zu"*, 3 = *„teils teils"*, 4 = *„trifft eher zu"*, 5 = *„trifft völlig zu"*. $r_{soz. Eing.}$ = Korrelation des jeweiligen Items mit der Skala „Soziale Eingebundenheit" (zweiseitiger Signifikanztest). $r_{Komp.}$ = Korrelation des jeweiligen Items mit der Skala „Kompetenz" (zweiseitiger Signifikanztest).
[a] Cronbachs α der Skala (bei Ausschluss des jeweiligen Items). [b] Das Item wurde umgepolt.
*$p < .05$, **$p < .01$.

Tabelle 6.4

Reliabilitätsanalyse der Skala „Soziale Eingebundenheit" (Mittelwerte, Standardabweichungen, korrigierte Trennschärfen, Cronbachs α) und Korrelationen der einzelnen Items mit den beiden anderen Skalen

		Reliabilitätsanalyse (n = 57; α = .90)					
	Herkunft der Items	M	S	r_{it}	α [a]	$r_{Auton.}$ (n = 53)	$r_{Komp.}$ (n = 53)
Nehmen uns ernst	BPNS 3	4.82	0.50	.75	.88	.54**	.69**
Abweisend /unnahbar [b]	BPNS 6	4.86	0.52	.55	.90	.21	.52**
Kommen gut miteinander aus	BPNS 8	4.48	0.72	.70	.89	.53**	.61**
Vertrauen	IMI	4.53	0.68	.82	.87	.54**	.58**
Verstehen uns	HCCQ 2	4.60	0.59	.77	.88	.37**	.54**
Offen reden können	BPNS 1	4.63	0.67	.80	.87	.47**	.68**

Anmerkungen. Die Antwortmöglichkeiten sind folgendermaßen kodiert: 1 = *„trifft gar nicht zu"*, 2 = *„trifft eher nicht zu"*, 3 = *„teils teils"*, 4 = *„trifft eher zu"*, 5 = *„trifft völlig zu"*. $r_{Auton.}$ = Korrelation des jeweiligen Items mit der Skala „Autonomie" (zweiseitiger Signifikanztest). $r_{Komp.}$ = Korrelation des jeweiligen Items mit der Skala „Kompetenz" (zweiseitiger Signifikanztest).
[a] Cronbachs α der Skala (bei Ausschluss des jeweiligen Items). [b] Das Item wurde umgepolt.
**p < .01.

Bei der Skala zur Kompetenzunterstützung (s. Tabelle 6.5) wurde das sechste Item („Experten für Problem") wegen zu geringer Trennschärfe (r_{it} = .06) herausgenommen. Dass dieses Item wenig mit der Gesamtskala korreliert, könnte mit der missverständlichen Formulierung des Items zusammenhängen, wonach sich die Eltern als Experten für ihr Problem ansehen sollen. Dieses Item hat einen relativ geringen Mittelwert bei großer Varianz. Die interne Konsistenz der endgültigen Skala ist ebenfalls hoch (α = .83).

Die meisten negativ formulierten Items haben zwar nicht so gute psychometrische Eigenschaften (Mittelwerte, Standardabweichungen, Trennschärfen und Einfluss auf interne Konsistenzen), werden aus methodischen Gründen jedoch trotzdem beibehalten.

Tabelle 6.5

Reliabilitätsanalyse der Skala „Kompetenzunterstützung" (Mittelwerte, Standardabweichungen, korrigierte Trennschärfen, Cronbachs α) und Korrelationen der einzelnen Items mit den beiden anderen Skalen

		Reliabilitätsanalyse (n = 54; α = .74)					
	Herkunft der Items	M	S	r_{it}	α [a]	$r_{Auton.}$ (n = 53)	$r_{soz.Eing.}$ (n = 53)
Problemlösefähigkeit	HCCQ 4 /PCS 1	4.02	1.09	.68	.66	.55**	.55**
Klein und unwissend [b]	BPNS 4	4.85	0.63	.50	.71	.44**	.77**
Guter Problemumgang	PCS 2	4.13	0.89	.68	.67	.61**	.56**
Umsetzung der Anregungen im Alltag	PCS 3	4.11	1.00	.68	.66	.79**	.57**
Überforderung mit dem Problem [b]	PCS 4	4.65	0.76	.25	.75	.30**	.36**
Experten für Problem	BPNS 2	2.50	1.34	.06	.83	.19	-.08
Weiterkommen durch Beratung	Eigenes Item	3.74	1.23	.64	.67	.68**	.38**

Anmerkungen. Die Antwortmöglichkeiten sind folgendermaßen kodiert: 1 = *„trifft gar nicht zu"*, 2 = *„trifft eher nicht zu"*, 3 = *„teils teils"*, 4 = *„trifft eher zu"*, 5 = *„trifft völlig zu"*. $r_{Auton.}$ = Korrelation des jeweiligen Items mit der Skala „Autonomie" (zweiseitiger Signifikanztest). $r_{soz.\,Eing.}$ = Korrelation des jeweiligen Items mit der Skala „Soziale Eingebundenheit" (zweiseitiger Signifikanztest).

[a] Cronbachs α der Skala (bei Ausschluss des jeweiligen Items). [b] Das Item wurde umgepolt.

**p < .01.

Um die theoretische Zuordnung der einzelnen Items zu den Skalen empirisch zu überprüfen, wurden wegen der geringen Fallzahlen keine konfirmatorischen Faktorenanalysen durchgeführt, sondern die (korrigierten) Trennschärfen der einzelnen Items für „ihre" Skala mit den Korrelationen mit den beiden anderen Skalen verglichen (s. Tabellen 6.3 bis 6.5). Dieser Vergleich zeigt für fast alle Items, dass die Trennschärfe, d.h. die Korrelation mit der eigenen Skala (ohne das jeweilige Item), höher ist als die Korrelation mit einer der beiden anderen Skalen. Nur die Items „Umsetzung der Anregungen im Alltag" und „Weiterkommen durch Beratung" korrelieren höher mit der Autonomieskala als mit der theoretisch zugeordneten Kompetenzskala. Die Zuordnung der negativ formulierten Items zu den Skalen ist uneindeutig, ihre Korrelationen mit den anderen Skalen liegen fast durchgängig höher als die Werte für die Trennschärfe (Korrelation mit der „eigenen" Skala). Der Ausschluss des sechsten Items der Kompetenzskala wird bestätigt, es korreliert weder mit seiner theoretisch zugeordneten noch mit einer der anderen Skalen.

Die Mittelwerte der Skalen fallen (über alle Antworter betrachtet) bei eher geringer Varianz hoch bis sehr hoch aus (Autonomie: M = 4.03; S = 0.80; Soziale Eingebundenheit: M = 4.65; S = 0.50; Kompetenzunterstützung: M = 4.26; S = 0.70; Rating: 1 – 5). Alle drei Skalen sind deutlich rechtsschief verteilt, dabei ist zu vermuten, dass bei der Beantwortung dieser Fragen die soziale Erwünschtheit eine Rolle spielt. Die drei Skalen korrelieren hoch miteinander. Die Autonomieunterstützung korreliert zu .52 mit der Sozialen Eingebundenheit und zu .78 mit der Kompetenzunterstützung. Die Soziale Eingebundenheit korreliert zu .70 mit der Kompetenzunterstützung. Alle Korrelationen sind hochsignifikant ($p < .01$, zweiseitig).

Für die Prozessskala der FBB wurde ebenfalls eine Reliabilitätsanalyse durchgeführt (α = .92; s. Tabelle 6.6). Es wurden alle Items beibehalten. Der Mittelwert ist mit 3.41 (S = 0.75; Rating: 0-4) eher hoch. Da die drei Items zur Gesamtzufriedenheit (GZ) aus dieser Prozessskala aufgrund inhaltlicher Erwägungen zusätzlich zu einer eigenen Skala als Kriterium der Ergebnisqualität zusammengefasst werden, wurde mit den verbleibenden Prozessitems (P) erneut eine Skala gebildet und eine weitere Reliabilitätsanalyse durchgeführt. Auch diese hat immer noch eine gute interne Konsistenz (α = .87). Der Mittelwert und die Standardabweichung dieser Skala bleiben etwa gleich (M = 3.44; S = 0.73). Die Items zur Gesamtzufriedenheit werden bei den Erfolgskriterien in Abschnitt 6.2.3 genauer analysiert. Eine Tabelle mit den Interkorrelationen der FBB-Skalen kann im Anhang C eingesehen werden (s. Tabelle C16).

Tabelle 6.6
Reliablitätsanalyse der FBB-Skala „Prozess“ (Mittelwerte, Standardabweichungen, korrigierte Trennschärfen, Cronbachs α)

		Reliabilitätsanalyse (n = 45-58; α = .92)			
	Items [a]	*M*	*S*	r_{it}	α [b]
Ausreichende Information über Beratung	P	3.27	0.94	.71	.91
Einverständnis mit Beratungsmaßnahmen	P	3.38	0.86	.78	.90
Ausreichender Einbezug der Eltern	P	3.42	0.84	.80	.90
Wiederkommen	GZ	3.11	1.17	.74	.91
Weiterempfehlung an andere	GZ	3.53	0.89	.80	.90
Zufriedenheit mit der Beratung	GZ	3.38	0.98	.83	.89

Anmerkungen. Die Antwortmöglichkeiten sind folgendermaßen kodiert: 0 = *„überhaupt nicht/niemals“*, 1 = *„kaum/selten“*, 2 = *„teilweise/manchmal“*, 3 = *„überwiegend/meistens“*, 4 = *„ganz genau/immer“*.
[a] Diese Spalte gibt die in der vorliegenden Studie zusätzlich vorgenommene Itemzuordnung zur Prozessqualität (P) und zur Gesamtzufriedenheit (GZ) an. [b] Cronbachs α der Skala (bei Ausschluss des jeweiligen Items).

6.2.3 Psychometrische Ergebnisse zur Ergebnisqualität im EB-E

Bei der *Problemliste* werden die Antwortmöglichkeiten der Items voll ausgenutzt, der Range reicht bei allen Items von eins (*„trifft gar nicht zu“*) bis vier (*„trifft völlig zu“*). Die Mittelwerte der einzelnen Items (Problemliste vorher: zwischen 1.11 und 2.53; Problemliste heute: zwischen 1.17 und 2.43) deuten auf linksschiefe Verteilungen hin (s. Tabelle C17). Wenn man allerdings zusätzlich den Modalwert, d.h. die am häufigsten angekreuzte Kategorie, betrachtet, kann man vermuten, dass die Mittelwerte stark davon beeinflusst sind, dass *„trifft gar nicht zu“* bei fast allen Problemen die meistgewählte Kategorie ist. Die Mittelwerte ergeben sich also aus den Faktoren „Ausmaß des Problems“ und „Auftretenshäufigkeit des Problems in der Stichprobe“. Betrachtet man die Mittelwerte der einzelnen Items ohne den Einfluss der „Auftretenshäufigkeit des Problems in der Stichprobe“ (Problemliste vorher: zwischen 2.38 und 3.36; Problemliste heute: zwischen 2.25 und 3.00), so lässt sich die Linksschiefe nicht mehr so deutlich feststellen (s. Tabelle C18).

Um zu untersuchen, ob die Problemliste zum einen keine überflüssigen Items enthält und zum anderen häufiger vorkommende Probleme nicht vorsieht, werden die Häufigkeitsverteilungen der einzelnen Items betrachtet. Kein einziges der vorgegebenen Probleme wird von allen Eltern mit *„trifft gar nicht zu"* bewertet. Jedoch werden die Items „Schulverweigerung" (n = 3), „Einnässen/Einkoten" (n = 5) und „auffälliges Verhalten" (n = 8) nur von wenigen Eltern „vorher" nicht mit *„trifft gar nicht zu"* beantwortet. Von diesen drei Items wird das Item „Einnässen/Einkoten" auch „heute" von nur acht Eltern nicht mit *„trifft gar nicht zu"* bewertet. Es könnte daher aus ökonomischen Gründen für diese Erziehungsberatungsstelle aus dem Fragebogen herausgenommen werden. „Andere Probleme" werden selten angegeben, insgesamt lässt sich daher schließen, dass die Problemliste gut an diese spezielle Beratungsstelle angepasst ist. Da das Item „andere Probleme" viele fehlende Werte („vorher": n = 42; „heute": n = 49) aufweist, wird es für die weiteren Analysen ausgeschlossen. Trotzdem sollte es weiterhin im Fragebogen vertreten sein, da nur so sichergestellt werden kann, dass alle Eltern die Möglichkeit erhalten, ihr eventuell sehr spezifisches, in der Liste nicht enthaltenes Problem anzugeben und zu bewerten. Die restlichen Items haben für „vorher" zwischen drei und acht fehlende Werte, für „heute" sogar nur zwischen einem und drei. Das könnte darauf hindeuten, dass den Eltern eine retrospektive Beurteilung schwerer fällt.

Auch bei den Items zu den *Problembereichen* werden die Antwortmöglichkeiten – abgesehen vom Item „andere Problembereiche heute" – vollständig ausgenutzt (s. Tabelle C19). Wenn man die Verteilungen unabhängig vom Einflussfaktor der „Auftretenshäufigkeit des Problembereichs in der Stichprobe" betrachtet, liegen die Itemmittelwerte in der mittleren Kategorie oder sind leicht rechtsschief. (s. Tabelle C20). Keiner der Problembereiche wird von allen Eltern mit *„trifft gar nicht zu"* bewertet, es sollten also alle Bereiche beibehalten werden. Das Item „andere Bereiche" wird zwar von sehr vielen Eltern („vorher": n = 53; „heute": n = 54) nicht bearbeitet, es sollte aber aus dem weiter oben bereits genannten Grund trotzdem weiter im Fragebogen enthalten sein.

Der Range der beiden Fragen nach der *Problemhäufigkeit* „vorher" und „heute" umfasst alle Antwortmöglichkeiten (s. Tabelle C17). Die Kategorien scheinen gut gewählt, der Modalwert wechselt von *„täglich"* zu *„seltener"*, es kommt also bei der Frage nach der heutigen Problemhäufigkeit zu einem Bodeneffekt, der jedoch inhaltlich unwichtig ist. Da bei Problemen, die seltener als *„mehrmals monatlich“* auftreten, nicht mehr genauer differenziert werden muss, waren die Kategorien absichtlich so gewählt worden. Es gibt acht fehlende Werte, die Frage scheint also angemessen und verständlich. Gerade wenn man berücksichtigt, dass nicht alle Eltern den Beratungsanlass (z.B. vermutete Hochbegabung) auch als „Problem“ ansehen, das mit einer bestimmten Häufigkeit auftritt, sind die nur acht fehlende Werte bei diesem Item als sehr gut zu bewerten.

Die Verteilung bei der Frage nach der *Veränderung* ist deutlich linksschief und es gibt trotz der „Gegenmaßnahme“ einer speziellen Gestaltung des Ratings immer noch einen gewissen Deckeneffekt (s. Tabelle C21). Jedoch wählen immerhin fast 20% der Eltern die mittlere Kategorie *„keine Veränderung“* und der Modus liegt „nur“ in der zweitbesten Kategorie *„leichte Verbesserung“*. Die beiden Kategorien der Verschlechterung wurden von niemandem angegeben. Die „Verlagerung“ des Ratings scheint also zumindest einen gewissen positiven Einfluss für die Varianzerweiterung zu haben. Auch hier gibt es zwar einige fehlende Werte (n = 7), aber insgesamt scheint diese Frage gut formuliert zu sein und von den Eltern akzeptiert zu werden.

Die internen Konsistenzen erreichen für den *ILK* vorher und heute mit jeweils α = .79 befriedigende Werte (s. Tabelle 6.7). Da sich beide Werte bei der Herausnahme einzelner Items nicht bedeutsam verbessern würden, wurden alle Items beibehalten. Das Item „Beschäftigung allein“ hat zwar für den Zeitpunkt „vorher“ eine schlechte Trennschärfe (.23) – es scheint wenig mit Lebensqualität zusammenzuhängen – aber für „heute“ liegt sie im guten Bereich. Um die Vergleichbarkeit der ILK-Skalen „vorher – heute“ zu gewährleisten, wurde das Item – zumal es eine hohe Varianz aufweist – nicht herausgenommen. Die Mittelwerte der Skalen liegen im Bereich *„eher gut“* (ILK „vorher“: M = 2.24; S = 0.69; ILK „heute“: M = 1.90; S = 0.58; Rating: 1-5).

Tabelle 6.7

Reliabilitätsanalysen der ILK-Skalen „vorher" und „heute" (Mittelwerte, Standardabweichungen, korrigierte Trennschärfen, Cronbachs α)

	ILK „vorher"				ILK „heute"			
	Reliabilitätsanalyse (n = 52; α = .79)				Reliabilitätsanalyse (n = 59; α = .79)			
	M	S	R_{it}	α [a]	M	S	r_{it}	α [a]
Schule	2.65	1.17	.55	.76	2.34	1.08	.39	.80
Familie	1.58	0.80	.50	.77	1.75	0.71	.41	.78
Freizeit	2.40	1.09	.35	.80	1.81	0.84	.42	.78
Beschäftigung allein	2.02	1.13	.23	.82	1.63	0.87	.45	.78
Körperliche Gesundheit	1.85	0.94	.52	.77	1.53	0.77	.61	.75
Nervliche und seelische Verfassung	2.87	1.17	.77	.71	2.19	1.01	.68	.73
Gesamtverfassung des Kindes	2.48	1.02	.82	.71	2.01	0.82	.76	.72

Anmerkungen. Die Antwortmöglichkeiten sind folgendermaßen kodiert: 1 = *„sehr gut"*, 2 = *„eher gut"*, 3 = *„teils teils"*, 4 = *„eher schlecht"*, 5 = *„sehr schlecht"*.
[a] Cronbachs α der Skala (bei Ausschluss des jeweiligen Items).

Die Skalen „vorher" und „heute" zur *Belastung* von Kind, Eltern und Familie weisen mit internen Konsistenzen von .82 bzw. .85 eine gute Reliabilität auf (s. Tabelle 6.8). Die Trennschärfen der einzelnen Items liegen zwischen .61 und .73 bzw. zwischen .68 und .78. Die Mittelwerte der Skalen liegen im mittleren Bereich (Belastung „vorher": M = 3.27; S = 0.95 und Belastung „heute": M = 2.44; S = 0.88; Rating: 1-5).

Tabelle 6.8

Reliabilitätsanalysen der Skalen zur Belastung „vorher" und „heute" (Mittelwerte, Standardabweichungen, korrigierte Trennschärfen, Cronbachs α)

	Belastung „vorher"				Belastung „heute"			
	Reliabilitätsanalyse (n = 59; α = .82)				Reliabilitätsanalyse (n = 59; α = .85)			
	M	S	r_{it}	α [a]	M	S	r_{it}	α [a]
Kind	3.13	1.15	.61	.83	2.58	0.95	.70	.81
Eltern	3.81	1.03	.70	.74	2.61	0.97	.78	.73
Familie	2.92	1.12	.73	.70	2.21	1.04	.68	.83

Anmerkung. Die Antwortmöglichkeiten sind folgendermaßen kodiert: 1 = *„überhaupt nicht belastet"*, 2 = *„wenig belastet"*, 3 = *„mäßig belastet"*, 4 = *„stark belastet"*, 5 = *„sehr stark belastet"*.
Cronbachs α der Skala (bei Ausschluss des jeweiligen Items).

Die Interitemkorrelationen der Belastungsitems sind alle hochsignifikant, „vorher" liegen sie zwischen .54 und .71 und „heute" zwischen .58 und .72 (s. Tabelle 6.9).

Tabelle 6.9
Interkorrelation der Belastungsitems „vorher" und „heute"

	Kind	Eltern	Familie
Kind	--	.54** („vorher")	.58** („vorher")
Eltern	.72** („heute")	--	.71** („vorher")
Familie	.58** („heute")	.68** („heute")	--

**$p < .01$ (zweiseitig).

Die Reliabilität der Skala „*Gesamtzufriedenheit*", die mit Items der FBB gebildet wurde, ist mit einer internen Konsistenz von .87 als gut zu bezeichnen (s. Tabelle 6.6 in Abschnitt 6.2.2). Der Skalenmittelwert liegt eher im hohen Bereich (M = 3.40; S = 0.85; Rating: 0-4).

Auch eine Reliabilitätsanalyse für die *Skala „Erfolg" der FBB* zeigt eine sehr gute interne Konsistenz von .91. Es wurden alle Items beibehalten (s. Tabelle 6.10). Der Mittelwert dieser Skala liegt im mittleren Bereich (M = 2.22; S = 1.05; Rating: 0-4).

Tabelle 6.10
Reliablitätsanalyse der FBB-Skala „Erfolg" (Mittelwerte, Standardabweichungen, korrigierte Trennschärfen, Cronbachs α)

	Reliabilitätsanalyse (n = 45-58; α = .91)			
	M	S	r_{it}	α [a]
Beratung hilfreich	2.80	1.01	.45	.92
Besseres Auskommen in der Familie	2.09	1.43	.85	.89
Besseres Verhalten gegenüber Kind	2.31	1.46	.76	.90
Problemverbesserung beim Kind	2.16	1.24	.69	.90
Besseres Verständnis	2.64	1.26	.82	.89
Problemverbesserung bei den Eltern	1.60	1.50	.79	.89
Persönliches Weiterkommen	1.78	1.51	.77	.89

Anmerkungen. Die Antwortmöglichkeiten sind folgendermaßen kodiert: 0 = *„überhaupt nicht/niemals"*, 1 = *„kaum/selten"*, 2 = *„teilweise/manchmal"*, 3 = *„überwiegend/meistens"*, 4 = *„ganz genau/immer"*.
[a] Cronbachs α der Skala (bei Ausschluss des jeweiligen Items).

Eine Tabelle mit den Interkorrelationen der FBB-Skalen kann im Anhang C eingesehen werden (s. Tabelle C16).

Die Interkorrelationen aller Erfolgskriterien sind in Tabelle 6.11 dargestellt. Sie liegen insgesamt eher im niedrigen bis mittleren Bereich. Die Korrelationen der indirekten (r = .25 bis .72) und der direkten Erfolgskriterien (r = .47 bis .59) scheinen – von Ausnahmen abgesehen – jeweils untereinander höher zu sein als „gemischte“ Korrelationen zwischen direkten und indirekten Maßen (r = -.08 bis .43). Die Korrelation zwischen Lebensqualität und Belastung ist am höchsten.

Tabelle 6.11

Korrelationen der Erfolgskriterien untereinander (zweiseitiger Signifikanztest)

	Problemliste	Problemliste (ohne „Nullprobleme“) [a]	Problembereiche	Problembereiche (ohne „Nullbereiche“) [a]	Problemhäufigkeit [b]	Lebensqualität	Belastung	Belastung Kind	Belastung Eltern	Belastung Familie	Problemveränderung	Gesamtzufriedenheit
Problemliste (ohne „Nullprobleme“) [a]	.39**	--										
Problembereiche	.39**	.22	--									
Problembereiche (ohne „Nullbereiche“) [a]	.05	.62**	.32*	--								
Problemhäufigkeit	.31**	.27*	.35**	.25*	--							
Lebensqualität	.50**	.31*	.25(*)	.13	.42**	--						
Belastung	.44**	.32*	.36*	.31*	.46**	.72*	--					
Belastung Kind	.50*	.34**	.29*	.25(*)	.40**	.67**	--	--				
Belastung Eltern	.30*	.19	.35*	.35*	.47**	.58**	--	.66**	--			
Belastung Familie	.33*	.29*	.30*	.19	.38**	.62**	--	.56**	.69**	--		
Problemveränderung [b]	.16	.10	.21	.28(*)	.34**	.26(*)	.43**	.36**	.44**	.32	--	
Gesamtzufriedenheit	.12	.02	.27(*)	-.02	.19	-.01	.15	.12	.11	.15	.47**	--
FBB-Skala „Erfolg“	-.08	.00	-.03	.08	.06	.12	.23	.15	.15	.27(*)	.55**	.59*

Anmerkungen. Bei den Kriterien mit „vorher-heute“-Messung wurden die Differenzwerte verwendet.

[a] Berechnung der Werte ohne Berücksichtigung der gar nicht zutreffenden Probleme (vgl. Abschnitt 6.2.3). [b] Die Zusammenhänge mit der Problemveränderung wurden mit dem Rangkorrelationskoeffizienten Kendall-Tau berechnet, da dieses Item ordinalskaliert ist. (*)$p < 0.10$, *$p < 0.05$, **$p < 0.01$ (zweiseitig).

6.2.4 Validierung (der Erfolgskriterien) des Fragebogens

In diesem Abschnitt wird untersucht, ob die einzelnen Kriterien des Beratungserfolges (Problemausmaß, -bereiche, -häufigkeit, Lebensqualität, Belastung, direkte Problemverbesserung, Gesamtzufriedenheit, generelle Erfolgsbeurteilung) umso besser eingeschätzt werden, je besser die Prozessqualität auf den selbstbestimmungstheoretischen Dimensionen der Autonomieunterstützung, der Sozialen Eingebundenheit und der Kompetenzunterstützung bewertet wird.

Bei den direkten Erfolgsmaßen wird der Produkt-Moment-Korrelationskoeffizient für Intervallskalen nach Pearson berechnet. Bei den indirekten Maßen werden Partialkorrelationen berechnet, so dass die Zusammenhänge zwischen den selbstbestimmungstheoretisch begründeten Prozessdimensionen und den „Heute"-Werten unter Kontrolle der jeweiligen Werte „vorher" bestimmt werden können. Der Fallausschluss bei der Berechnung der Partialkorrelationen erfolgt „listwise", so dass nur diejenigen Fälle berücksichtigt werden, die Werte in jeweils allen untersuchten Variablen aufweisen. Eine Analyse der so ausgeschlossenen Fälle hatte gezeigt, dass diese allgemein viele fehlende Werte aufweisen, eher unzuverlässig antworten und die Korrelationen zum Teil erheblich verzerren (vgl. Tabelle C22 [Fallausschluss „analysis"] im Anhang C mit Tabelle 6.12 [Fallausschluss „listwise"]). Die Bestimmung von Partialkorrelationen hat gegenüber der Berechnung von Korrelationen zwischen den Prozessdimensionen und den Differenzwerten „vorher"-„heute" den Vorteil, dass die Unreliabilität der Messungen einen nicht so starken (negativen) Einfluss hat. Um die Größe der Zusammenhänge bewerten zu können, wurden für die Korrelationen und Partialkorrelationen Effektgrößen nach Bortz und Döring (1995, S. 567ff.) berechnet.

Die Partialkorrelationen des *Problemausmaßes*, der *-bereiche* und der *-häufigkeit* „heute" mit den einzelnen Prozessdimensionen fallen – unter Kontrolle der entsprechenden Werte „vorher" – durchgängig negativ aus (-.10 bis -.30), d.h. je besser die Prozessdimensionen bewertet werden, desto geringer sind die Probleme „heute" (s. Tabelle 6.12). Damit zeigen zwar alle Zusammenhänge in die erwartete Richtung. Jedoch sind nur die folgenden tendenziell (10%-Niveau) oder auf dem 5%-Niveau signifikant: Problemausmaß – Autonomieunterstützung; Problembereiche – Kompetenzunterstützung; Problemhäufigkeit – Autonomieunterstützung. Die Effektstärken dieser Zusammenhänge liegen im kleinen bis mittleren Bereich. Bei den anderen Partialkorrelationen liegt das Signifikanzniveau zwischen .11 und .25 und die Effektstärken betragen zwischen 0.01 und 0.04, sind also im kleinen bis sehr kleinen Bereich angesiedelt. Die *Lebensqualität* weist unter Kontrolle der Werte „vorher" tendenziell signifikante Partialkorrelationen mit Autonomieunterstützung und mit Kompetenzunterstützung auf, die Effekte sind eher klein. Die Partialkorrelation mit Sozialer Eingebundenheit fällt dagegen sehr gering aus und ist nicht signifikant. Die *Belastung* weist unter Kontrolle der Werte „vorher" eine tendenziell signifikante Partialkorrelation mit Autonomieunterstützung und eine signifikante Partialkorrelation mit Kompetenzunterstützung auf, dabei sind die Effektgrößen eher klein. Die Partialkorrelation mit Sozialer Eingebundenheit fällt auch hier gering aus und wird nicht signifikant.

Tabelle 6.12
Partialkorrelationen (pr) der indirekten Erfolgskriterien mit den selbstbestimmungstheoretischen Prozessdimensionen (Fallausschluss „listwise") und deren Effektgrößen (f^2) nach Bortz und Döring (1995, S. 567ff.)

	df	Autonomie-unterstützung		Soziale Eingebundenheit		Kompetenz-unterstützung	
		pr	f^2	*pr*	f^2	*pr*	f^2
Problemliste	47	-.26*	0.07	-.10	0.01	-.18	0.03
Problemliste (ohne „Nullprobleme") [a]	47	-.21(*)	0.05	.04	0.00	.06	0.00
Problembereiche	39	-.12	0.01	-.20	0.04	-.30*	0.10
Problembereiche (ohne „Nullbereiche") [a]	41	-.05	0.00	-.15	0.02	-.04	0.00
Problemhäufigkeit	42	-.21(*)	0.05	-.14	0.02	-.11	0.01
Lebensqualität	49	-.18(*)	0.03	-.02	0.00	-.22(*)	0.05
Belastung	49	-.20(*)	0.04	-.09	0.01	-.25*	0.07
Belastung Kind	48	-.16	0.03	.03	0.00	-.18	0.03
Belastung Eltern	49	-.24*	0.06	-.10	0.01	-.21(*)	0.05
Belastung Familie	48	-.11	0.01	.16	0.03	-.26*	0.07

Anmerkungen. Eine negative Korrelation bedeutet, dass das Problem „heute" umso geringer ist, je besser die selbstbestimmungstheoretische Prozessdimension bewertet wird. Klassifikation der Effektgröße f^2 : klein (0.02); mittel (0.15); groß (0.35).
[a] Berechnung der Werte ohne Berücksichtigung der gar nicht zutreffenden Probleme (vgl. Abschnitt 6.2.3).
(*)$p < 0.10$, *$p < 0.05$ (einseitig).

Die direkt gemessene *Problemverbesserung* korreliert hochsignifikant zwischen .41 und .52 mit den drei einzelnen selbstbestimmungstheoretischen Dimensionen der Prozessqualität (s. Tabelle 6.13). Die Effektgrößen entsprechen direkt den Korrelationskoeffizienten und sind mittel bis groß zu bewerten (s. Tabelle 6.8). Die *Gesamtzufriedenheit* mit der Beratung korreliert hochsignifikant zwischen .58 und .73 mit den einzelnen Dimensionen der Prozessqualität nach der Selbstbestimmungstheorie. Die Effekte sind sehr groß. Die über die FBB-Skala „Erfolg“ gemessene *generelle Erfolgsbeurteilung* korreliert hochsignifikant zwischen .50 und .56 mit den einzelnen Prozessdimensionen nach der Selbstbestimmungstheorie. Die Effekte sind groß.

Tabelle 6.13
Korrelationen der direkten Erfolgskriterien mit den selbstbestimmungstheoretischen Prozessdimensionen und deren Effektgrößen (r) nach Bortz und Döring (1995, S. 567ff.)

	n	Autonomie-unterstützung	Soziale Eingebundenheit	Kompetenz-unterstützung
direkte Problemverbesserung	52-53	.41**	.48**	.52**
FBB-Items „Gesamtzufriedenheit“	53-55	.58**	.61**	.73**
FBB-Skala „Erfolg“	47-49	.50**	.52**	.56**

Anmerkungen. Eine positive Korrelation bedeutet, dass der Erfolg umso größer ist, je besser der Prozess bewertet wird. Die Effektgröße *r* entspricht direkt den Korrelationskoeffizienten. Klassifikation der Effektgröße *r* : klein (0.10); mittel (0.30); groß (0.50).
** $p < 0.01$ (einseitig).

Insgesamt betrachtet weisen alle Zusammenhänge zwischen den Erfolgskriterien und den selbstbestimmungstheoretischen Prozessdimensionen in die erwartete Richtung.

Die Validierung der verhaltensnäheren Erfolgskriterien wie Problemausmaß, -bereiche, -häufigkeit und direkte Problemverbesserung fällt vergleichsweise etwas schlechter aus (weniger signifikante Partialkorrelationen, geringere Korrelationen) als die der verhaltensferneren Erfolgskriterien (Lebensqualität, Belastung, Gesamtzufriedenheit und generelle Erfolgsbeurteilung). Während Autonomie- und Kompetenzunterstützung tendenzielle und signifikante Partialkorrelationen aufweisen, ist keine einzige Partialkorrelation mit der Sozialen Eingebundenheit signifikant.

Die Korrelationen zwischen den direkten Erfolgsmaßen und den selbstbestimmungstheoretischen Prozessdimensionen weisen Effektgrößen im mittleren bis großen Bereich auf.

Die Effektgrößen der Partialkorrelationen zwischen den indirekten Erfolgsmaßen und den selbstbestimmungstheoretischen Prozessdimensionen sind allerdings eher im kleinen bis mittleren Bereich angesiedelt und fallen durchgängig geringer aus als diejenigen der Korrelationen. Die Partialkorrelationen werden häufig nicht signifikant und können somit nicht mit einer angemessenen Irrtumswahrscheinlichkeit über diese Stichprobe hinaus generalisiert werden. Dies könnte zumindest zum Teil darauf zurückzuführen sein, dass der Stichprobenumfang nur zwischen 41 und 51 Vpn beträgt und somit nicht besonders groß ist. Einzelne Ausreisser können einen großen Einfluss haben. Darauf weist auch der Umstand hin, dass die (Partial-) Korrelationen und Signifikanzen sich bei Ausschluss nur weniger Fälle radikal verändern können (s. Tabelle C22 im Anhang C mit Fallausschluss „analysis" und einem strengeren Ausschlusskriterium). Vor diesem Hintergrund sollten weitere Untersuchungen mit größeren Stichproben durchgeführt werden, um die Hypothesen besser abzusichern.

6.3 STRUKTURQUALITÄT DER PÄDAGOGISCH-PSYCHOLOGISCHEN BERATUNGSSTELLE

Es soll untersucht werden, ob die Eltern mit spezifischen Aspekten der Strukturqualität sehr zufrieden sind. Die entsprechenden Beurteilungen sind in Tabelle 6.14 angegeben.

Tabelle 6.14
Zufriedenheit mit einzelnen Aspekten der Strukturqualität und dichotomisierte Auswertung

	N	*M*	*S*	*Min*	*Max*	*„Völlig zufrieden"*	*„Nicht völlig zufrieden"*
Lage, Erreichbarkeit	60	3.30	0.72	1	4	41.7%	58.3%
Öffnungszeiten	60	3.42	0.59	2	4	46.7%	53.3%
Telefon. Erreichbarkeit	60	3.33	0.73	1	4	46.7%	53.3%
Wartezeit bis zur Aufnahme	60	3.10	0.95	1	4	41.7%	58.3%
Räumlichkeiten	60	3.23	0.74	1	4	40.0%	60.0%
Atmosphäre	60	3.35	0.73	1	4	48.3%	51.7%
Flexibilität bei Terminabsprachen	59	3.53	0.54	2	4	54.2%	45.8%
Teilnehmer am Elterngespräch	57	3.58	0.60	2	4	63.2%	36.8%
Fachliche Kompetenz	58	3.64	0.55	2	4	67.2%	32.8%
Auswahl an Angeboten	49	3.05	0.69	1	4	24.5%	75.5%
Überschaubarkeit der Angebote	51	3.05	0.71	1	4	25.5%	74.5%

Anmerkung. Die Antwortmöglichkeiten sind folgendermaßen kodiert: 1 = *„völlig unzufrieden"*, 2 = *„eher unzufrieden"*, 3 = *„eher zufrieden"*, 4 = *„völlig zufrieden"*.

Die Mittelwerte für Lage/Erreichbarkeit, Öffnungszeiten und telefonische Erreichbarkeit liegen alle im guten bis sehr guten Bereich zwischen der besten (*„völlig zufrieden"*) und der zweitbesten Kategorie (*„eher zufrieden"*) des vierstufigen Ratings. Die beste Kategorie liegt bei allen drei Aspekten innerhalb einer Standardabweichung über dem Mittelwert, die beste Kategorie selbst wird jeweils von über 40 % der Eltern gewählt.

Die beiden Aspekte Wartezeit bis zur Aufnahme und Flexibilität bei Terminabsprachen werden im Mittel gut bis sehr gut beurteilt. Der Mittelwert der Wartezeit liegt knapp über der zweitbesten Kategorie, der Mittelwert der Flexibilität liegt deutlich darüber und 54.2% der Eltern sind mit der Flexibilität *„völlig zufrieden"*.

Auch die Räumlichkeiten und die Atmosphäre werden durchschnittlich gut beurteilt. Mit den Räumlichkeiten sind 40.0% der Eltern *„völlig zufrieden"*, mit der Atmosphäre sogar 48.3%.

Die Mittelwerte für Teilnehmer am Elterngespräch und die fachliche Kompetenz der Berater tendieren sogar eher zur besten Kategorie. Über 60% der Eltern sind mit beiden Aspekten *„völlig zufrieden"*.

Nur etwa 25% der Eltern sind dagegen mit der Auswahl an Angeboten und deren Überschaubarkeit *„völlig zufrieden"*. Trotzdem liegen die Mittelwerte beider Aspekte immer noch leicht über der zweitbesten Kategorie.

Zusammenfassend lässt sich feststellen, dass alle Aspekte gut oder sehr gut beurteilt werden. Kein Mittelwert liegt unterhalb der zweitbesten Kategorie *„eher zufrieden"*. Bei einigen Aspekten wird die Antwortkategorie *„völlig unzufrieden"* gar nicht gewählt und der Modalwert liegt häufiger in der besten Kategorie *„völlig zufrieden"*.

Wenn man die einzelnen Aspekte miteinander vergleicht, schneiden folgende Aspekte besonders gut ab: Fachliche Kompetenz, Teilnehmer am Elterngespräch und Flexibilität bei der Terminabsprache. Die Mittelwerte dieser Aspekte liegen über 3.5, gleichzeitig sind die zugehörigen Standardabweichungen relativ gering. Die Modalwerte dieser Aspekte liegen in der besten Kategorie (*„völlig zufrieden"*).

Mit nur 25% völlig zufriedener Eltern schneiden die folgenden beiden Aspekte relativ am schlechtesten ab: Auswahl und Überschaubarkeit der Angebote.

Am einheitlichsten werden die Aspekte der Flexibilität bei der Terminabsprache ($S = 0.54$) und die fachliche Kompetenz der Berater ($S = 0.55$) bewertet.

Die (mit Abstand) größte Streuung in den Beurteilungen weist der Aspekt Wartezeit (*S* = 0.95) auf.

Bei der Anzahl der Beratungskontakte, der Elterngespräche, der psychologischen Tests und der Fachkräfte bei den Gesprächen liegt die Kategorie *genau richtig* innerhalb einer Standardabweichung jedes Mittelwerts (s. Tabelle 6.15). Da dies aber auch der Fall wäre, wenn etwa gleich viele Eltern „spiegelbildlich" unzufrieden sind, ist es sinnvoll, zusätzlich den Modalwert zu betrachten. Alle vier Aspekte werden von den Eltern zu über 70% als *„genau richtig"* beurteilt.

Tabelle 6.15
Zufriedenheit mit der Anzahl einzelner Aspekten der Strukturqualität und dichotomisierte Auswertung

	N	*M*	*S*	*Min*	*Max*	*„Genau richtig"*	*„Nicht genau richtig"*
Beratungskontakte	53	2.70	0.64	1	4	73.6%	26.4%
Elterngespräche	55	2.76	0.58	1	4	78.2%	21.8%
Psychologischen Tests	54	2.72	0.68	1	4	74.1%	25.9%
Fachkräfte bei den Gesprächen	55	2.80	0.59	1	4	78.2%	21.8%

Anmerkung. Die Antwortmöglichkeiten sind folgendermaßen kodiert: 1 = *„zu wenig"*, 2 = *„eher zu wenig"*, 3 = *„genau richtig"*, 4 = *„eher zu viel"*, 5 = *„zu viel"*.

6.4 PROZESSQUALITÄT DER BERATUNGSARBEIT

Es soll untersucht werden, ob die Prozessqualität pauschal und differenziert nach den drei selbstbestimmungstheoretischen Dimensionen gut beurteilt wird.

Die Prozessqualität wird von den Eltern auf der FBB-Skala „Prozess" im Mittel mit 3.41 (*S* =0.75) beurteilt und liegt damit zwischen den beiden Kategorien *„überwiegend/meistens"* und *„ganz genau/immer"*. Der Modalwert liegt mit 4.00 in der besten Kategorie. Wenn man die Skala „Prozess" ohne die Items der Gesamtzufriedenheit bildet, fällt der Mittelwert (3.44) bei etwas geringerer Standardabweichung (0.73) geringfügig höher aus, der Modalwert liegt unverändert in der besten Kategorie. Bei beiden Formen der Skalenbildung liegt die beste Kategorie innerhalb einer Standardabweichung vom Mittelwert. Die Werte der Beratungsstelle können mit den FBB-Normen für klinische Stichproben (Mattejat & Remschmidt, 1998a) verglichen werden. Dabei ist zu beachten, dass aus ökonomischen Gründen nicht alle Items der FBB-Skala „Prozess" in den EB-E übernommen wurden. Der Vergleich erfolgt mit den FBB-Normen für Beurteilungen von Müttern (s. Tabelle 6.16), da die meisten Fragebogen dieser Stichprobe von Müttern ausgefüllt wurden (73.3%).

Tabelle 6.16
Prozentrangbereiche und Klassifikation der FBB-Skala „Prozess" für Beurteilungen von Müttern (Mattejat & Remschmidt, 1998a)

Skala „Prozess"	Prozentrangbereich	Klassifikation
0.0 - 2.6	0-10	Deutlich unterdurchschnittlich
2.7 - 3.1	11-25	Unterdurchschnittlich
3.2 - 3.9	26-75	Durchschnittlich
4.0	76-90	Überdurchschnittlich
4.0	91-100	Deutlich überdurchschnittlich

Der Mittelwert der Beratungsstelle auf der FBB-Skala „Prozess" kann nach den Normen als durchschnittlich bezeichnet werden.

Weiterhin wird die Prozessqualität auf den drei selbstbestimmungstheoretischen Dimensionen der sozialen Eingebundenheit, der Autonomie- und Kompetenzunterstützung betrachtet. Der Mittelwert der sozialen Eingebundenheit ist mit 4.65 (S = 0.50) am höchsten und hat die geringste Standardabweichung. Aber auch die Mittelwerte der Kompetenzunterstützung (M = 4.26; S = 0.70) und der Autonomieunterstützung (M = 4.03; S = 0.80) liegen zwischen den beiden besten Antwortkategorien *„trifft eher zu"* und *„trifft völlig zu"* der fünfstufigen Skala. Die Modalwerte der sozialen Eingebundenheit (MO = 5.00) und der Kompetenzunterstützung (MO = 5.00) liegen in der besten, der Modalwert der Autonomieunterstützung (MO = 4.00) in der zweitbesten Antwortkategorie.

Zusammenfassend beurteilen die Eltern die Prozessqualität gut bis sehr gut. Die Hypothese, dass die Eltern den Beratungsprozess pauschal und nach den selbstbestimmungstheoretisch begründeten Merkmalen gut beurteilen, kann daher als bestätigt angesehen werden.

6.5 ERGEBNISQUALITÄT DER BERATUNGSARBEIT

Bei den indirekten Erfolgsmaßen wurden die Unterschiede zwischen den „vorher"- und „heute"-Werten mit dem t-Test für abhängige und gepaarte

Stichproben auf ihre Signifikanz überprüft. Darüber hinaus wurden Effektgrößen für abhängige, gepaarte Stichproben nach Bortz und Döring (1995, S. 567ff.) für die Unterschiede berechnet, um ihre Größe einschätzen zu können. Tabelle 6.17 zeigt eine Übersicht der berechneten Effektgrößen. Da das Item zur Problemhäufigkeit rangskaliert ist, wurde dieser Unterschied mit dem Wilcoxon-Test auf Signifikanz überprüft.

Tabelle 6.17
Effektgrößen (d) der „Vorher-Heute"-Unterschiede bei den indirekten Erfolgskriterien nach Bortz und Döring (1995, S. 567ff.)

	d
Problemliste	0.12
Problemliste (ohne „Nullprobleme") [a]	1.41
Problembereiche	0.43
Problembereiche (ohne „Nullbereiche") [a]	0.69
Lebensqualität	0.76
Belastung	0.89
Belastung Kind	0.60
Belastung Eltern	1.40
Belastung Familie	0.71

Anmerkungen. Klassifikation der Effektgröße d: klein (0.20); mittel (0.50); groß (0.80).
[a] Berechnung der Werte ohne Berücksichtigung der gar nicht zutreffenden Probleme (vgl. Abschnitt 6.2.3).

6.5.1 Ergebnisse zur Veränderung der Probleme

Es soll untersucht werden, ob die Eltern eine positive Veränderung der Probleme feststellen.

Eine deutliche *Verbesserung der Problemsituation* stellen 32.7% der Eltern für „heute" fest, zumindest eine leichte Besserung geben 49.1% an. Nur 18.2% geben an, dass es „heute" keine Veränderung gibt. Keine der Familien stellt eine leichte oder deutliche Verschlechterung der Situation fest. Zusammenfassend wird die Problemsituation heute also als verbessert eingeschätzt.

Um die Reduktion des *Problemausmaßes* zu beurteilen, wurde für jede Familie je ein mittlerer Problemwert für „vorher" und für „heute" gebildet und auf Verbesserungen getestet. Zuerst erfolgte die Bildung der mittleren Problemwerte durch Skalenbildung, d.h. alle Items der Problemliste gingen gleich stark ein. Der Mittelwert der Skala „Problemliste vorher" beträgt 1.81 (S =

0.44), für die Skala „Problemliste heute" beträgt er 1.77 (*S* = 0.49). Der t-Test (*t* = 0.64; *df* = 55; *p* = .26 [einseitig]; *n* = 56) zeigt für den Unterschied der Mittelwerte keine Signifikanz, die Effektgröße beträgt 0.12.

Wie jedoch bei den psychometrischen Eigenschaften des EB-E schon erwähnt (s. Abschnitt 6.2.3), werden die Mittelwerte stark davon beeinflusst, dass viele Familien bei vielen Items die Kategorie *„trifft gar nicht zu"* (= 1) wählten. Da sich bei all diesen „Problemen" nichts verbessern kann, ändert sich auch bei einem Problemmittelwert, der unter Berücksichtigung dieser nicht verbesserbaren Probleme berechnet wird, nur wenig. Daraufhin wurde eine andere Skalenbildung versucht: Der Mittelwert des Problemausmaßes wurde pro Familie nur über die angegebenen Probleme berechnet. Die *„Trifft gar nicht zu"*-Items wurden bei der Mittelwertbildung nicht berücksichtigt. Der Mittelwert dieser Skala „Problemliste vorher" liegt mit 3.09 (*S* = 0.46) erwartungsgemäß höher, ähnlich sieht es bei der Skala „Problemliste heute" aus (*M* = 2.57, *S* = 0.43). Für die so gebildeten Skalen zeigt sich ein hochsignifikanter Unterschied zwischen „vorher" und „heute" (*t* = 7.50; *df* = 56; *p* = 0.00 [einseitig]; *n* = 57). Die Effektgröße dieses Unterschieds beträgt 1.41. Problematisch an dieser Art der Skalenbildung ist jedoch, dass nicht mehr angemessen berücksichtigt wird, wie viele Probleme eine Familie angibt („Multimorbidität"), d.h. eine Familie, die drei Items als *„trifft völlig zu"* (= 4) einschätzt, erhält den gleichen Skalenwert wie eine Familie, die nur bei einem Item *„trifft völlig zu"* angibt. Idealerweise müsste dieser Skalenwert noch mit der Anzahl der Nicht-*„Trifft gar nicht zu"*-Items (= 2-4) kombiniert werden, um sowohl das Ausmaß der Multimorbidität als auch das Ausmaß der einzelnen Probleme bei der Mittelwertsbildung zu berücksichtigen. Eine einfache Multiplikation funktioniert jedoch nicht, der Mittelwert würde von vorher 21.69 (*S* = 12.36) auf heute 22.00 (*S* = 12.98) ansteigen (der Unterschied ist jedoch nicht signifikant: *t* = - 0.18; *df* = 61; *p* = 0.43 [einseitig]; *n* = 62). Zusammenfassend sinkt der Mittelwert des Problemausmaßes unter Ausschluss der *„Trifft gar nicht zu"*-Items signifikant von 3.09 auf 2.57, dabei weist diese Verringerung eine sehr große Effektgröße auf.

Die Verringerung des Probleme bezüglich der *Problembereiche* wird analog zum Vorgehen bei der Problemliste getestet. Bei einer Skalenbildung unter Berücksichtigung aller Items erhält man einen Mittelwert der Skala „Problembereiche vorher“ von 2.57 (S = 0.73) und für die Skala „Problembereiche heute“ von 2.35 (S = 0.78). Der Mittelwertsunterschied „vorher-heute“ ist signifikant (t = 2.17; df = 46; p = .02 [einseitig]; n = 47), die Effektgröße beträgt 0.43. Bei einer Skalenbildung unter Ausschluss der *„Trifft gar nicht zu“*-Items ergibt sich für die Skala „Problembereiche vorher“ ein erwartungsgemäß höherer Mittelwert von 3.34 (S = 0.57), ähnlich sieht es wiederum für die Skala „Problembereiche heute“ (M = 2.99; S = 0.65) aus. Der Unterschied zwischen diesen Mittelwerten ist hochsignifikant (t = 3.51; df = 50; p = 0.00 [einseitig]; n = 51), die Effektgröße steigt auf 0.69. Zusammenfassend verringern sich die Probleme bezüglich der Bereiche von 2.57 bzw. 3.34 auf 2.35 bzw. 2.99, es sind also sowohl bei Einschluss aller Items als auch unter Ausschluss der *„Trifft gar nicht zu“*-Items signifikante Verbesserungen festzustellen, deren Effektgrößen im mittleren Bereich liegen.

Bei der *Problemhäufigkeit* geben 29 Eltern eine Verbesserung an, eine Verschlechterung gibt es bei 3 Fällen und 19 Eltern geben keine Veränderungen an. Der Unterschied zwischen „vorher“ und „heute“ ist hochsignifikant (Z = -4.51; p = .00 [einseitig]; n = 51).

Zusammenfassend lässt sich feststellen, dass die Hypothesen zur Veränderung der Probleme bestätigt sind.

6.5.2 Ergebnisse zur Lebensqualität

Es soll untersucht werden, ob die Lebensqualität „heute“ besser ist als „vorher“.

Für die Überprüfung der Verbesserung der Lebensqualität werden die entsprechenden ILK-Items zu jeweils einer Skala „vorher“ und „heute“ zusammengefasst. Im Mittel verbessert sich die Lebensqualität von 2.24 (S = 0.69) auf 1.90 (S = 0.58). Dieser Unterschied ist signifikant (t = 4.21; df = 60; p = .00 [einseitig]; n = 61), der Effekt ist groß (d = 0.76). Wenn man die Items einzeln betrachtet, ist einzig bei dem Item „Familie“ von „vorher“ zu „heute“ eine Verschlechterung des Mittelwertes festzustellen.

Ein Vergleich mit den Daten der poliklinischen Stichprobe der Pilotstudie von Mattejat et al. (1998) zeigt, dass „unsere“ Eltern die Lebensqualität ihrer Kinder „vorher“ teilweise positiver, in Bezug auf die körperliche Gesundheit und die Gesamtverfassung des Kindes aber negativer beurteilen. Dagegen wird sie „heute“ durchweg positiver bewertet als von den Eltern der poliklinischen Stichprobe (vgl. Tabelle C23 im Anhang).

Zusammenfassend lässt sich feststellen, dass die Hypothese zur Verbesserung der Lebensqualität bestätigt ist.

6.5.3 Ergebnisse zur Belastung des Kindes, der Eltern und der Familie

Es soll untersucht werden, ob die Belastung „heute“ geringer ist als „vorher“.

Bei 32 Kindern gibt es eine Belastungsverringerung, eine Zunahme gibt es bei 13 Kindern, bei 14 Kindern ist die Belastung gleich geblieben (drei fehlende Werte). Der Mittelwert der Belastung des Kindes sinkt von 3.13 (S = 1.15) auf 2.56 (S = 0.97). Dieser Unterschied ist signifikant (t = 3.24; df = 58; p = .00 [einseitig]; n = 59), der Effekt ist als mittelgroß einzuschätzen (d = 0.60).

Die Belastung der Eltern verringert sich in 44 Fällen, bei 4 Eltern gibt es eine Vergrößerung und bei 12 Eltern bleibt sie gleich. Der Mittelwert der Belastung der Eltern sinkt von 3.78 (S = 1.04) vorher auf 2.58 (S = 0.98) heute. Dieser Unterschied ist signifikant (t = 7.65; df = 59; p = .00 [einseitig]; n = 60), der Effekt ist sehr groß (d = 1.40).

In 30 Fällen hat sich die familiäre Belastung verringert, bei 9 Familien ist sie größer geworden und bei 20 Familien ist sie gleich geblieben. Der Mittelwert der Belastung der Familie sinkt von vorher 2.92 (S = 1.12) auf 2.21 (S = 1.04) heute. Dieser Unterschied ist signifikant (t = 3.89; df = 58; p = .00 [einseitig]; n = 59), der Effekt ist mit 0.71 mittel bis groß.

Bei einer Berechnung der allgemeinen Belastung über die einzelnen Items hinweg zeigt sich eine Verringerung der Belastung in 42 Fällen, eine Zunahme der Belastung in 16 Fällen und in 2 Fällen hat sich die Belastung nicht verändert. Der Mittelwert der allgemeinen Belastung sinkt von 3.27 (S = 0.95) auf 2.44 (S = 0.88). Dieser Unterschied ist hochsignifikant (t = 5.59; df = 59; p = .00 [einseitig]; n = 60), der Effekt ist als groß zu bewerten (d = 0.89).

Zusammenfassend lässt sich feststellen, dass die Hypothesen zur Verringerung der Belastung bestätigt sind.

6.5.4 Ergebnisse zu den Globalen Erfolgsmaßen

Es soll untersucht werden, ob zum einen die Gesamtzufriedenheit mit der Beratung sehr groß ist und ob zum anderen die generelle Erfolgsbeurteilung der Beratung sehr gut ist.

Bei allen drei klassischen FBB-Items zur Beratungszufriedenheit liegt der Modalwert in der Kategorie 4 (*„ganz genau/immer“*), d.h. dass jeweils der größte Teil der Eltern maximal zufrieden ist. Das Item „Weiterempfehlung an andere“ hat mit 3.58 den höchsten Mittelwert und mit 0.81 gleichzeitig die kleinste Standardabweichung. Das Item „Zufriedenheit mit der Beratung“ hat einen Mittelwert von 3.43 (S = 0.92), das Item „Wiederkommen“ hat einen Mittelwert von 3.20 (S = 1.09). Alle Mittelwerte liegen somit zwischen den beiden höchsten Antwortkategorien, die höchste Kategorie (4) liegt immer innerhalb einer Standardabweichung vom Mittelwert.

Zusammenfassend ist die Gesamtzufriedenheit mit der Beratung als sehr groß zu bezeichnen, so dass die Hypothese als bestätigt angesehen werden kann.

Der Mittelwert der FBB-Skala „Erfolg“ beträgt 2.22 (S = 1.05) und liegt somit etwas über der mittleren von fünf Kategorien (*„teilweise/manchmal“*). (Dieser Mittelwert ist hochsignifikant von der höchsten Kategorie verschieden: t = -12.07; df = 49; p = .00 [einseitig]). Ein Vergleich des Mittelwertes der FBB-Skala „Erfolg“ mit den Normwerten für Beurteilungen der Mütter (Mattejat & Remschmidt, 1998a) zeigt, dass dieser als unterdurchschnittlich klassifiziert wird (s. Tabelle 6.19). Eine genauere Analyse auf Itemebene zeigt, dass die Items „Problemverbesserung bei den Eltern“ (M = 1.67; S = 1.46) und „Persönliches Weiterkommen“ der Eltern (M = 1.92; S = 1.49) bei relativ hohen Standardabweichungen die vergleichsweise schlechtesten Mittelwerte haben, die unterhalb der mittleren Kategorie liegen. Am besten (und mit den geringsten Standardabweichungen) werden die Items „Beratung hilfreich“ (M = 2.79; S = 1.03) und „Besseres Verständnis“ (M = 2.69; S = 1.21) beurteilt.

Tabelle 6.19

Prozentrangbereiche und Klassifikation der FBB-Skala „Erfolg“ für Beurteilungen von Müttern (Mattejat & Remschmidt, 1998a)

Skala „Prozess“	Prozentrangbereich	Klassifikation
0.0 - 1.7	0-10	Deutlich unterdurchschnittlich
1.6 - 2.4	11-25	Unterdurchschnittlich
2.5 - 3.3	26-75	Durchschnittlich
3.4 – 3.6	76-90	Überdurchschnittlich
3.7 - 4.0	91-100	Deutlich überdurchschnittlich

Zusammenfassend beurteilen die Eltern die Beratung generell nur als mäßig erfolgreich, insbesondere bei sich selbst sehen sie nur wenig Fortschritte. Die Hypothese, dass die Eltern den Beratungserfolg generell als sehr gut beurteilen, kann nicht als bestätigt angesehen werden.

7 DISKUSSION

Die Entwicklung und Validierung eines Fragebogens zur Erfassung der Struktur-, Prozess- und Ergebnisqualität von Erziehungsberatungsstellen aus Elternsicht (EB-E) war das erste Teilziel der vorliegenden Studie. Nachfolgend werden daher die psychometrischen Eigenschaften und die Güte des EB-E zusammenfassend beurteilt und Möglichkeiten zu einer weiteren Abklärung der Validität von Subskalen aufgezeigt. Daran anschließend wird auf das zweite Teilziel dieser Studie eingegangen, das in einer Evaluation der Pädagogisch-Psychologischen Beratungsstelle der Universität Bielefeld bestand. Verschiedene Qualitätsaspekte der Beratungsstelle und -arbeit, die mit Hilfe des um weitere Aspekte ergänzten EB-E untersucht wurden, werden diskutiert und auf mögliche Ansatzpunkte für qualitätsfördernde Maßnahmen wird hingewiesen.

7.1 PSYCHOMETRISCHE EIGENSCHAFTEN UND GÜTE DES FRAGEBOGENS EB-E

Der Fragebogen EB-E greift die in der Qualitätssicherungsdebatte weit verbreitete Unterscheidung in Struktur-, Prozess- und Ergebnisqualität auf, um Erziehungsberatungsstellen eine alle drei Bereiche umfassende Evaluation ihrer Arbeit zu ermöglichen. Diese differenzierte Erfassung der Qualität ermöglicht eine fundierte Planung von effektiven Maßnahmen zur Qualitätsentwicklung, was durch die alleinige Erhebung pauschaler Zufriedenheitsangaben zum Beratungsablauf und -erfolg nicht gleichermaßen gewährleistet werden kann.

Die *Strukturqualität* der Einrichtung wird im Fragebogen EB-E anhand der Zufriedenheit mit einzelnen Aspekten, wie z.B. Öffnungszeiten, Flexibilität bei Terminabsprachen und Wartezeit, erfasst. Im Rahmen dieser Liste wird weiterhin die Zufriedenheit mit einigen spezifischen Aspekten der Prozessqualität, wie z.B. Gestaltung der Elterngespräche und Informationsaustausch zwischen Beratern und Eltern, festgestellt. Da die Prozessqualität im Fragebogen mithilfe eigener Subskalen jedoch ausreichend erfasst wird, kann aus ökonomischen Gründen auf diese 13 Items verzichtet und die Liste für künftige Einsätze entsprechend gekürzt werden.

Aufgrund anderer Untersuchungen wurde erwartet, dass die Zufriedenheit mit den strukturellen Bedingungen allgemein sehr hoch ausfallen würde. Auf eine pauschale Erfassung der Zufriedenheit, aus der sich keine differenzierten Aussagen ableiten ließen, wurde daher im EB-E von vornherein verzichtet. Wie erwartet, waren die Antwortverteilungen der einzelnen Aspekte zur Zufriedenheit in der vorliegenden Untersuchung extrem rechtsschief. Im Gegenteil zu pauschalen Zufriedenheitsmessungen ermöglicht die differenzierte Erfassungsweise des EB-E eine vergleichende Betrachtung der einzelnen Aspekte, so dass weniger gute Bereiche festgestellt werden können. Durch die Dichotomisierung der Antworten in *„völlig zufrieden"* und *„nicht völlig zufrieden"* können Unterschiede zwischen den Aspekten nochmals deutlicher hervorgehoben werden, als es aus den absoluten Werten zu ersehen ist. Es hat sich daher bewährt, die Strukturqualität so differenziert zu erfassen, wie es der Fragebogen EB-E vorsieht.

Die *Prozessqualität* der Beratungsarbeit wird im Fragebogen EB-E zum einen mit Skalen erfasst, die auf Überlegungen der Selbstbestimmungstheorie von Deci und Ryan (1993) beruhen. Indem Berater die psychischen Grundbedürfnisse ihrer Klienten erfüllen, können sie die Persönlichkeitsentwicklung und das Wohlbefinden ihrer Klienten fördern. Nach der Selbstbestimmungstheorie zeigt sich eine gute Prozessqualität also darin, dass die Klienten im Verlauf der Beratung Autonomie, Soziale Eingebundenheit und Kompetenz erleben. Die drei selbstbestimmungstheoretischen Skalen zur Erfassung der Prozessqualität weisen gute Reliabilitäten auf. Zudem korrelieren die Items jeweils mit der eigenen Skala höher als mit den anderen Skalen, was auf die Konstruktvalidität der Skalen hinweist.

Zum anderen wurde für den EB-E auf eine Skala zurückgegriffen, die aus einem Fragebogen zur Bewertung von Psychotherapien mit Kindern stammt (FBB von Mattejat & Remschmidt, 1998a). Die FBB-Skala „Prozess" erlaubt eine pauschale Beurteilung des Beratungsprozesses und weist eine sehr gute Reliabilität auf. Diese Skala verfügt ebenfalls über eine gute Reliabilität, wenn sie um drei Items zur Gesamtzufriedenheit vermindert wird, die klassischerweise – und so auch in der vorliegenden Studie – als Kriterium der Ergebnisqualität verwendet werden. Sie kann also zuverlässig auch in der verkürzten Form eingesetzt werden.

Die Verteilungen der einzelnen Items zur Prozessqualität sind bei insgesamt geringer Varianz deutlich rechtsschief. Um die Varianz der Urteile zu erhöhen, könnte es deshalb sinnvoll sein, ein Antwortrating zu wählen, das (noch) mehr Abstufungen anbietet. Einer möglichen Verzerrung der Antworten durch die „Ja-Sage"-Tendenz könnte durch eine ausgeglichenere Verteilung von positiv und negativ formulierten Items entgegengewirkt werden. Da im vorhinein eine Tendenz zu „sozial erwünschten" Bewertungen vermutet wurde, wurden die Eltern bereits im Anschreiben darauf hingewiesen, dass ihre (realistische) Rückmeldung wichtig ist, um einen hohen Standard bei der Beratungsarbeit gewährleisten zu können.

Die *Ergebnisqualität* der Beratungen wird im Fragebogen EB-E mehrdimensional erfasst. Der Beratungserfolg wurde sowohl über einzelne Items als auch über Skalen operationalisiert. Die Skalen zum Beratungserfolg (ILK von Mattejat et al., 1998, Belastung, Gesamtzufriedenheit, FBB-Skala „Erfolg") weisen durchgängig gute bis sehr gute Reliabilitätswerte auf. Auch die einzelnen Items (Problemhäufigkeit und Veränderung) und die Items der Problemliste und der Problembereiche haben sich aus psychometrischer Sicht bewährt. Aus ökonomischen Gründen könnte die Problemliste – zumindest bei dieser Beratungsstelle – auf das Item „Einnässen/Einkoten" verzichten. Ansonsten überspringen die Eltern die Items zum Beratungserfolg nicht auffällig häufig. Dies ist ein Hinweis darauf, dass die Fragen gut formuliert sind und von den Eltern als schlüssig und sinnvoll angesehen werden.

Kritisch zu bewerten ist, dass mit dem jetzigen Antwortrating bei den Items der Problemliste das Vorhandensein verschiedener Probleme („Multimorbidität") und deren jeweiliges Ausmaß kombiniert erfasst wird. Da die Klienten der Beratungsstelle – erwartungsgemäß – keine hohe Problemausprägung und Multimorbidität aufweisen, beruht der Mittelwert auf vielen Items, die schon „vorher" mit *„trifft gar nicht zu"* bewertet werden. Ein großer Teil dieser Items kann daher nach der Beratung keine Verbesserungen aufweisen und so verringert sich auch der Mittelwert nur wenig. Eine Zusammenfassung der einzelnen Items zu einem Wert für Problemausmaß über eine einfache Mittelwertbildung ist somit wenig änderungssensitiv.

Eine Möglichkeit zur Vermeidung dieses Problems könnte darin bestehen, die beiden Faktoren getrennt zu erfassen. Beispielsweise könnte die Problemliste zur Erfassung der Multimorbidität mit einem dichotomen Antwortrating („*trifft zu*“ vs. „*trifft nicht zu*“) versehen und anschließend das Ausmaß der angegebenen Probleme pauschal mit einem Item erfasst werden, das ein mehrfach abgestuftes Antwortrating hat. Die Überlegungen zum Problem der konfundierten Erfassung von Multimorbidität und Problemausmaß gelten analog auch für das Kriterium der Problembereiche.

Beratungserfolg wird bis heute nicht einheitlich definiert (vgl. beispielsweise Petermann & Schmidt, 2000). Eine umfassende Erhebung sollte einen Beratungserfolg sowohl an der subjektiven Wahrnehmung der Betroffenen als auch an den von außen beobachtbaren Veränderungen festmachen. Um diesem Anspruch gerecht zu werden, müssten idealerweise verschiedene Kriterien aus unterschiedlichen Datenquellen erfasst werden. In der vorliegenden Studie wurde eine Erfassung des Beratungserfolges aus Elternsicht realisiert, die multikriterial angelegt war.

Die Tatsache, dass sich in der vorliegenden Untersuchung keine durchgängig hohen Zusammenhänge zwischen den verschiedenen Erfolgsmaßen finden, bestätigt die Annahme, dass eine Erfassung des Beratungserfolges ohne eine mehrdimensionale Herangehensweise nicht möglich ist: Die positive Bewertung eines Kriteriums geht nicht automatisch mit einem Erfolg auf anderen Dimensionen einher. Die erhobene Kriterien lassen sich zum einen danach unterscheiden, ob sie eher verhaltensnahe oder verhaltensferne Einschätzungen von den Eltern verlangen. Während die verhaltensfernen Kriterien (z.B. Lebensqualität oder Gesamtzufriedenheit) eine starke Interpretationsleistung von den Eltern verlangen, sollen bei verhaltensnäheren Kriterien (z.B. Ausmaß der Probleme) konkrete Verhaltensweisen beurteilt werden. Zum anderen unterscheiden sich die Kriterien darin, ob sie den Beratungserfolg direkt oder indirekt erfassen. Während die Eltern bei einigen Kriterien (z.B. Problemverbesserung oder generelle Erfolgsbeurteilung) den Beratungserfolg direkt einschätzen sollen, wird er bei den indirekten Kriterien (z.B. Problemhäufigkeit oder Belastung) weniger subjektiv erfasst, da er hier erst bei der Fragebogenauswertung durch einen Vergleich der Einschätzungen für den Zeitpunkt vor der Beratung und für heute errechnet wird.

Durch diese Einteilung lassen sich subjektivere von objektiveren Kriterien unterscheiden. Die direkt-verhaltensfernen Kriterien unterliegen subjektiven

Einflüssen am stärksten, am geringsten sollte dies bei indirekt-verhaltensnahen Kriterien der Fall sein. Die empirischen Befunde in der vorliegenden Untersuchung bestätigt, dass diese Einteilung brauchbar ist: So sind die Korrelationen der direkten und indirekten Kriterien jeweils untereinander höher als „gekreuzte" Korrelationen. Es zeigte sich auch, dass die verhaltensnäheren Kriterien vergleichsweise weniger mit den subjektiven Prozesseinschätzungen zusammenhingen als die verhaltensferneren Kriterien. Zudem hingen die direkten Kriterien stärker mit der subjektiven Prozesseinschätzung zusammen als die indirekten.

Verschiedene Versuche, diese Kriterien zu einem Indexwert für „den" Beratungserfolg zu integrieren, sind jedoch gescheitert, weil die Gewichtung und die Art der Verrechnung der einzelnen Kriterien nicht geklärt werden konnten. Für eine empirisch-analytische Gewichtsbestimmung standen nicht genügend Versuchpersonen zur Verfügung (vgl. Bortz & Döring, 1995, S. 132ff.). Nachfolgende Studien mit größeren Stichproben sollten die Zusammenhänge der Kriterien untereinander weiter aufklären. Bei einer Stichprobe in der Größenordnung dieser Untersuchung sind methodische Grenzen schnell erreicht, wenn der Beratungserfolg differenzierter, wie z.B. für unterschiedliche Beratungsanlässe, betrachtet werden soll.

Neben der Reliabilität eines Verfahrens ist auch das Kriterium der Objektivität wichtig für die Beurteilung seiner Güte. *Durchführungs-* und *Auswertungsobjektivität* können beim EB-E als gegeben betrachtet werden, da alle Familien die gleiche Anleitung zum Ausfüllen erhalten und der Fragebogen aus geschlossenen Fragen mit vorgegebenen Antwortratings besteht. Nicht gewährleistet ist bisher die *Interpretationsobjektivität*, da (noch) keine Normwerte vorliegen. Eine standardisierte Bewertung der Ergebnisse zu ermöglichen, sollte ein wichtiges Anliegen weiterer Studien sein.

Die Voraussetzungen für eine Validität des Fragebogens sind mit einer guten Objektivität und Reliabilität erfüllt. Neben der Augenscheinvalidität ist als weiteres Validitätskriterium die *Konstruktvalidität* herangezogen worden. Hierzu wurde auf die Selbstbestimmungstheorie zurückgegriffen, aus der Hypothesen zum Zusammenhang von Beratungsprozess und -erfolg abgeleitet wurden. Je mehr sich die Klienten im Verlauf der Beratung in ihren psychischen Grundbedürfnissen des Autonomieerlebens, der Sozialen Eingebundenheit und des Kompetenzerlebens unterstützt fühlten, desto besser sollte ihr Wohlbefinden sein und desto besser sind die selbstbestimmungstheoretischen Bedingungen für ein qualitativ gutes Lernen. Diese Klienten sollten daher die Ratschläge aus der Beratung besser internalisieren und in selbstbestimmtes, autonomes Verhalten umsetzen können als Klienten, deren Grundbedürfnisse weniger stark befriedigt wurden. Da keine umfassende reliable und valide Variable für „den" Beratungserfolg gebildet werden konnte, wurden die einzelnen Kriterien eines Beratungserfolges bei der Validierung getrennt betrachtet.

Im Einklang mit den theoretisch begründeten Erwartungen zeigte sich, dass der Beratungserfolg umso besser ausfiel, je mehr sich die Klienten im Verlauf der Beratung in ihrem Autonomieerleben, ihrer Sozialen Eingebundenheit und ihrem Kompetenzerleben unterstützt fühlten. Zusammenhänge in die erwartete Richtung bestehen in Bezug auf alle verwendeten Kriterien. Interessant ist, dass die Effekte dieser Zusammenhänge bei den direkten Erfolgskriterien groß sind, während sie bei den indirekten Erfolgskriterien jedoch klein ausfallen. Dieser Unterschied ist vor dem Hintergrund der unterschiedlichen methodischen Herangehensweise zu sehen: Die Zusammenhänge wurden bei den direkten Erfolgskriterien mit Korrelationen und bei den indirekten Kriterien mit Partialkorrelationen berechnet. Da bei den Partialkorrelationen nur Fälle berücksichtigt werden konnten, die gültige Werte sowohl in der „Vorher"- als auch der „Heute"- Einschätzung aufweisen, verringerte sich die Stichprobe für die Validierung der indirekten Erfolgskriterien. Dadurch sind die Ergebnisse stark von Einzelfällen beeinflussbar. Dies zeigt sich beispielsweise darin, dass die Zusammenhänge je nach Anzahl der Fälle zwar in die erwarteten Richtung gehen, dabei aber sehr unterschiedlich ausfallen. Je strenger das Auswahlkriterium jedoch bezüglich des Zulassens von fehlenden Werten bei den einzelnen Fällen und somit bezüglich der Zuverlässigkeit der Angaben ist, desto besser entsprechen die gefundenen Zusammenhänge den Hypothesen. Dies ist umso bemerkenswerter, da die Stichprobe durch diese Vorgehensweise erneut reduziert wird.

Ein weiterer Hinweis auf die Validität des Fragebogens ergibt sich schließlich durch einen Vergleich mit den Ergebnissen von Heimanns (2004). Heimanns verwendete einen analogen, für Tagesgruppenarbeit spezifizierten Fragebogen (QuBuS-TG-E) in ihrer Studie. Bei ihr ergaben sich im Vergleich zur hier untersuchten Beratungsstelle höhere Ausgangswerte bei den Problemen und größere Verbesserungen von „vorher" zu „heute". Diese Unterschiede zwischen Erziehungsberatung und Tagesgruppenarbeit stehen in Übereinstimmung mit Befunden der JES-Studie (Schmidt, 2000).

Zusammenfassend sind sowohl die (Durchführungs- und Auswertungs) Objektivität als auch die Reliabilität des Fragebogens EB-E zufriedenstellend. Neben der Augenscheinvalidität fallen darüber hinaus auch die ersten Untersuchungen zur Konstruktvalidität des Fragebogens vielversprechend aus. Mit dem EB-E steht also ein Fragebogen zur Evaluation von Erziehungsberatungsstellen aus Elternsicht zur Verfügung, der über gute psychometrische Eigenschaften und zufriedenstellende Gütekriterien verfügt. Nachfolgende Studien sollten sich insbesondere mit einer Normierung zur Verbesserung der Interpretationsobjektivität und einer weiteren Validierung des Fragebogens befassen.

Bei der Interpretation der Ergebnisse sollten folgende Punkte einschränkend beachtet werden:

1. Die Rücklaufquote ist mit 64.6% zwar überdurchschnittlich gut, aber die Stichprobe ist mit insgesamt 62 Familien trotzdem eher als klein zu bezeichnen. Für die Berechnungen standen bei einzelnen Variablen je nach der Anzahl fehlender Werte noch weniger Versuchspersonen zur Verfügung. Dadurch besteht die Möglichkeit, dass einzelne Fälle großen Einfluss auf die Ergebnisse haben und Ausreißer die Daten stark verzerren. Um die Validität des Fragebogens weiter zu fundieren, sollte die Untersuchung der entsprechenden Hypothesen daher in nachfolgenden Studien mit größeren Stichproben wiederholt werden.
2. Die bisherigen Analysen zur Validität beschränkten sich auf die Prüfung linearer Zusammenhänge zwischen Prozess- und Ergebnisqualität. Es ist jedoch auch denkbar, dass ein Erfolg trotz guter Beratungsarbeit aufgrund anderer Faktoren ausbleibt, die außerhalb der Kontrolle der Beratung liegen. Gute Werte bei der Prozessqualität müssten also nicht unbedingt mit einem hohen Beratungserfolg einhergehen und der Effekt der Beratungsarbeit würde folglich unterschätzt. Dieser Fragestellung

sollte daher in weiteren Studien nachgegangen werden. Als theoretischer Hintergrund könnte sich ebenfalls die Selbstbestimmungstheorie heranziehen lassen, denn die Befriedigung der drei psychischen Grundbedürfnisse könnte als notwendige, nicht aber hinreichende Bedingung für selbstbestimmtes, autonomes Lernen und „well-being" interpretiert werden. Nach diesem Verständnis müsste nicht (zwangsläufig) ein linearer Zusammenhang zwischen dem Erleben von Autonomie, Sozialer Eingebundenheit und Kompetenz auf der einen Seite und einer konstruktiven Persönlichkeitsentwicklung und Wohlbefinden auf der anderen Seite zugrundegelegt werden.

3. Die Ergebnisse beruhen auf retrospektiven Daten aus Selbstberichten. Daher besteht bei den Angaben die Gefahr einer Verzerrung der Erinnerung. Die Eltern müssen (insbesondere bei den verhaltensfernen Erfolgsmaßen, wie z.B. der Einschätzung der Lebensqualität) viele interpretative kognitive Schritte tun, um vom Alltagsverhalten des Kindes zu einer Einschätzung auf der Ratingskala des Fragebogens zu gelangen, wie z.B. das Wohlbefinden ihres Kindes vor der Beratung aussah und wie es heute zu beurteilen ist. Die Einschätzung der Eltern sollte in künftigen Studien mit einem Außenkriterium oder mit einer anderen Datenquelle verglichen und auf diese Weise objektiviert werden („kriteriumsbezogene Validität"). Besonders hilfreich wäre es, die Verhaltensbeobachtungen und Einschätzungen der Eltern, mit denen der Kinder bzw. Jugendlichen und der Berater zu vergleichen. Dafür sollte das QuBuSystem mit weiteren Fragebogenversionen für Kinder, Jugendliche und Mitarbeiter ausgebaut werden, die sich an dem Beispiel des EB-E und des TG-E (Heimanns, 2004) orientieren.

4. Bei Evaluationen von Interventionen ist vor allem die interne Validität der Untersuchung von Interesse (vgl. Nowack & Lösel, 1987). Gefährdungen der internen Validität – der kausalen Schlussfolgerungen – bestehen insbesondere in zwischenzeitlichem Geschehen und Reifung. Durch das Untersuchungsdesign der vorliegenden Evaluation (retrospektives Vorgehen ohne Kontrollgruppe) bedingt, können diese Gefährdungen nicht ausgeschlossen oder kontrolliert werden. Trotzdem gibt es einen starken Hinweis darauf, dass der Beratungserfolg auf den

-prozess zurückgeführt werden kann: Die Daten spiegeln den selbstbestimmungstheoretisch erwarteten Zusammenhang zwischen der Prozess- und der Ergebnisqualität wider. Um weitere Bestätigungen dafür zu erhalten, dass der Effekt auch kausal auf die Intervention zurückgeführt werden kann, sollten nachfolgende Studien längsschnittlich angelegt sein.

5. Der modulartige Aufbau des Fragebogens ermöglicht neben der querschnittlich-katamnestischen auch eine längsschnittliche Datenerhebung (vor der Beratung Teil A, nach der Beratung Teil B, katamnestisch dann Teil C). Ein Vorteil von Längsschnittuntersuchungen ist die Vermeidung von retrospektiven Einschätzungen, die eine geringere Reliabilität und Validität aufweisen, weil sie zu Datenverzerrungen führen können.

6. Um die eigene Qualität im Vergleich mit anderen Einrichtungen („Benchmarking") betrachten zu können, sollte der Fragebogen EB-E in weiteren Erziehungsberatungsstellen eingesetzt werden. Auf diese Weise könnten langfristig „Normen" für den Fragebogen bzw. für einzelne Items zur Verfügung gestellt werden und die Interpretationsobjektivität der Ergebnisse würde verbessert. Der Fragebogen EB-E könnte so zu einem Standardinstrument im Bereich der Evaluation von Erziehungsberatungsstellen weiterentwickelt werden. Weiterhin wäre es denkbar, dass ein Pool normierter Items bereitgestellt wird. Jede Einrichtung könnte sich individuell interessierende Aspekte heraussuchen und hätte durch die Normierung trotzdem die Möglichkeit des Benchmarking.

7. Mit Daten aus größeren Stichproben könnte schließlich nach (weiteren) Einflussvariablen und Moderatoren des Beratungserfolges gesucht werden. Unter den deskriptiven Items für die Beratungsstelle gibt es eine Reihe von Variablen, die dafür in Betracht kommen: Beispielsweise könnten Familien mit hohem vs. geringen Leidensdruck verglichen werden. Auch wäre es interessant, reine Diagnostikfälle mit Familien zu vergleichen, die zu „wirklichen" Beratungen gekommen sind: Diese beiden Gruppen könnten sich in ihren Erwartungen und Zielen unterscheiden und somit auch Beratungserfolg unterschiedlich definieren. Sinnvollerweise sollten diese Faktoren theoretisch eingebettet und begründet werden. So hat Hunstein (1999) beispielsweise schon eine theoreti-

sche Grundlage für eine Untersuchung der Erfolgserwartung vor der Beratung geschaffen, indem er das Arbeitszufriedenheitsmodell von Bruggemann auf den Gesundheitsbereich übertragen hat.

7.2 EVALUATION DER PÄDAGOGISCH-PSYCHOLOGISCHEN BERATUNGSSTELLE

Die Pädagogisch-Psychologische Beratungsstelle ist eine Einrichtung der Arbeitseinheit „Pädagogische Psychologie“ an der Universität Bielefeld. Die Beratungsstelle hat keinen Versorgungsauftrag, die Beratungsarbeit wird von den wissenschaftlichen MitarbeiterInnen der Arbeitseinheit geleistet. Dadurch besteht die Möglichkeit, sich auf Probleme zu spezialisieren, für die die Beraterinnen aufgrund ihrer Forschungstätigkeiten besondere Kompetenzen mitbringen und für die es kaum alternative Unterstützungsmöglichkeiten in der regionalen und teilweise sogar überregionalen Umgebung gibt.

Fasst man die Ergebnisse zur Evaluation der Pädagogisch-Psychologischen Beratungsstelle zusammen, so kann deren Arbeit insgesamt als sehr erfolgreich gewertet werden.

Ergebnisse zum Klientel der Pädagogisch-Psychologischen Beratungsstelle

Im Vergleich mit den Daten der bundesweiten Kinder- und Jugendhilfestatistik (Statistisches Bundesamt, 2000) zeigt sich, dass die Beratungsstelle ein spezielles Klientel hat. Es sind vor allem Familien mit einem Interesse an Diagnostik im Bereich Hochbegabung und Lese-Rechtschreibschwäche, die sich an die Beratungsstelle wenden. Diese spezifischen Beratungsanlässe erklären vermutlich auch, warum die Beratungen durchschnittlich kürzer sind und warum sozial weniger privilegierte Familien eher unterrepräsentiert sind.

Die Eltern erfahren oft durch Mund-zu-Mund-Propaganda von der Beratungsstelle und kommen nicht, weil es die erstbeste Adresse war. Bei der Entscheidung für die Beratungsstelle scheint ihnen wichtig zu sein, dass die Beratungen, vermutlich insbesondere die Hochbegabungsdiagnostik und die LRS-Förderungen, kostenlos sind. Die Eltern scheinen die Probleme eine Weile lang zu beobachten, bevor sie sich zum Handeln entschließen. Während die Probleme bei den allermeisten Familien schon mehr als ein halbes

Jahr vor dem Kontakt mit der Beratungsstelle bestanden, dauerte die Entscheidung für eine Beratung meist nur wenige Wochen.

Auf die Idee, eine Beratung in Anspruch zu nehmen, kommt meist die Mutter. Dieses Ergebnis steht im Einklang mit der Kinder- und Jugendhilfestatistik. Eine gewisse Rolle spielen auch noch die Lehrer bzw. die Schule. Wichtig ist jedoch die Erkenntnis, dass die Initiative in den meisten Fällen in der Familie selbst entstanden ist, denn so ist die Motivation zur Beratung eine ganz andere als wenn der Druck zur Beratung von außerhalb kommt.

Oft ist die Pädagogisch-Psychologische Beratungsstelle nicht die erste Einrichtung, bei der die Eltern Hilfe suchen. Immerhin ein Viertel der Eltern hat vorher schon eine andere Beratungsstelle ausprobiert. Andererseits gibt es auch einige Eltern (12.9%), die nie eine andere Hilfe in Anspruch genommen haben. Dies ist umso erstaunlicher als darunter beispielsweise auch Nachhilfe fällt – eine Form der Hilfe also, deren Inanspruchnahme gerade bei (Teil)Leistungsstörungen nahe liegt.

Erwartungen der Klienten

Nur sehr wenige Eltern erwarteten im Vorfeld der Beratung eine vollständige Besserung des Problems, knapp zehn Prozent der Eltern erwarteten gar keine Verbesserung durch die Beratung. Diese Befunde sind auf den ersten Blick überraschend, lassen sich möglicherweise jedoch durch die vielen Diagnostikfälle erklären. Viele Eltern könnten schon allein in einer Abklärung des Problems und dem Erhalt eines Gutachtens eine wichtige Hilfestellung sehen. Damit kann eventuell eine zeitweilige Aussetzung der Benotung oder eine stärkere Zusammenarbeit mit dem Lehrer erreicht werden, so dass der Stress, der über das Problem an sich hinaus entstanden ist, entschärft wird. Offenbar erkennen die Eltern durchaus realistisch, dass es sowohl bei Hochbegabung als auch bei Teilleistungsstörungen darauf ankommt, langfristig eine angemessene Form des Umgangs mit dem Problem in Elternhaus und Schule zu finden. Dazu passt, dass die Eltern neben der Abklärung des Problems insbesondere Psychoedukation und Tipps zur Selbsthilfe wichtig finden, nicht jedoch eine Problemlösung durch die Berater.

Bei einem direkten Vergleich der beiden Angaben zeigt sich, dass in den meisten Familien die Entlastung durch die Beratung den (organisatorischen) Aufwand für eine Beratung aufwiegt. Hierzu passend geben nur wenige Eltern an, die Beratung vorzeitig abgebrochen zu haben. Etwa ein Viertel der Familien hätte die Beratung sogar gerne weiter fortgesetzt. Werden diese Eltern gebeten, verschiedene Gründe für ihren Fortsetzungswunsch zu bewerten, so zeigt sich, dass insbesondere die Umsetzung der Ratschläge im Alltag noch verbesserungswürdig ist. Eine wichtige Rolle spielt außerdem, dass sie gerne noch mehr Sicherheit und Routine bekommen hätten. Schließlich sollte sich das Problem noch weiter verbessern, und ohne die Beratungssitzungen mangelte es an Motivation. Aus diesen Einschätzungen ließe sich für eine Optimierung der Beratungsarbeit ableiten, dass das Beratungsende mit einem fließenderen Übergang in den Alltag gestaltet werden könnte. So ist es im Rahmen von Systemischen Therapien unter dem Stichwort „Lange Kurzzeittherapie" beispielsweise durchaus üblich, die Sitzungen über mehrere Monate hinweg „auszuschleichen" (Kriz, 1985, S. 290ff.). Auf diese Weise könnten die Eltern die Ratschläge unter der fachkundigen „Supervision" der Berater in den Alltag integrieren.

Entsprechend der weiter oben bereits genannten Tendenz der Eltern zur Bevorzugung von Selbsthilfe ist es den Eltern auch hier wieder vergleichsweise unwichtig, mehr Tipps und Anleitung durch die Berater zu bekommen. Aufgrund der retrospektiven Daten bleibt dabei unklar, ob die Eltern ihre realistische Einschätzung vom Einflussvermögen der Berater tatsächlich schon vor der Beratung hatten oder ob die Haltung „Selbsthilfe ist besser als Problemlösung durch Berater" erst in der Beratung „gelernt" wurde und die Ergebnisse nun durch methodische Probleme (z.B. soziale Erwünschtheit oder mangelndes Erinnerungsvermögen) zustande kommen.

Die Qualität der Beratungsarbeit aus der Perspektive der Klienten

Wie erwartet sind die Eltern mit der Qualität der Erziehungsberatungsstelle insgesamt sehr zufrieden und bewerten sowohl die Prozessqualität als auch den Beratungserfolg sehr positiv. Dies ist ein erfreuliches Ergebnis, auch wenn bekannt ist, dass Evaluationen von Beratungsstellen im allgemeinen sehr gut ausfallen und dass eine hohe Akzeptanz der Beratungsarbeit nicht mit einem Beratungserfolg gleichzusetzen ist, der über objektiv messbare Veränderungen festgestellt wird.

Erschwert wird die Bewertung der vorliegenden Elternangaben nicht nur durch das Fehlen von Außenkriterien, sondern auch durch den Mangel an Normwerten oder Vergleichsdaten, die im Sinne eines Benchmarking die Interpretationsobjektivität erhöhen könnten. Mögliche Stärken und Schwächen der Beratungsarbeit sind insofern eher aus dem Vergleich der einzelnen Aspekte und ihrer relativen Ausprägung abzuleiten.

Im Hinblick auf die *Strukturqualität* bewerten die Eltern die fachliche Kompetenz der Berater, die Teilnehmer am Elterngespräch und die Flexibilität bei der Terminabsprache besonders positiv. Vergleichsweise am wenigsten gut schneiden die beiden Aspekte der Auswahl und der Überschaubarkeit der Angebote ab. Auch die Wartezeit wird von den Eltern zwar sehr unterschiedlich, im Mittel aber eher weniger positiv beurteilt.

Diese Ergebnisse sprechen dafür, dass die Beratungsstelle ihren Klienten einen besseren Überblick über die angebotenen Leistungen geben sollte. Dies könnte beispielsweise durch eine entsprechende Broschüre oder einen Flyer verwirklicht werden. Möglicherweise würde sich dadurch auch die Bewertung der Auswahl an Beratungsangeboten durch die Eltern verbessern.

Da die Eltern bisher hauptsächlich durch Mund-zu-Mund-Propaganda von der Pädagogisch-Psychologischen Beratungsstelle erfahren haben, könnte mit einer solchen Broschüre zu den speziellen Kompetenzen und Leistungen der Beratungsstelle auch gezielter ein spezifisches Klientel angesprochen werden. Infolgedessen könnte sich wiederum die Wartezeit verkürzen, denn die Eltern könnten vor einer Beratung besser abschätzen, ob sie an der richtigen Adresse sind.

Ein gezielteres „Marketing“ der Beratungsstelle könnte auch über das Internet erfolgen. Informationen über die Angebote der Beratungsstelle könnten relevanten „Verteilern“, wie z.B. anderen Beratungsstellen oder auch Schulen, systematischer mitgeteilt werden. Der Nutzen einer verbesserten Internetpräsenz für das direkte Ansprechen eines spezifischen Klientels bleibt allerdings unklar: Bisher spielt das Internet überhaupt keine Rolle bei der Informationssuche der Klienten über Beratungsstellen. Möglicherweise sind die angezielten Familien kein „Internetklientel".

Die *Prozessqualität* wird von den Eltern – wie erwartet – generell gut bis sehr gut bewertet. Nach den Normen der FBB (Mattejat & Remschmidt, 1998a) wird die generelle Prozessqualität nicht nur mit, sondern auch ohne den Aspekt der Gesamtzufriedenheit mit der Beratung als durchschnittlich bewertet. In beiden Fällen ist jedoch die bestmögliche Antwortkategorie diejenige, die am häufigsten gewählt wurde.

Dieses gute pauschale Urteil der Eltern wird von einer differenzierten Einschätzung des Beratungsprozesses auf den drei selbstbestimmungstheoretischen Dimensionen bestätigt. Vergleicht man die Einschätzungen der drei Dimensionen miteinander, so schafften es die Berater am besten, den Eltern das Gefühl der Wertschätzung und emotionalen Anteilnahme zu vermitteln. Auch das Kompetenz- und Autonomieerleben in der Beratung wird von den Eltern positiv eingeschätzt. Offen bleiben muss hierbei allerdings, ob und inwiefern der (subjektiv wahrgenommene) Erfolg der Beratung die Einschätzung des Beratungsablaufes im Nachhinein beeinflusst hat.

Da die Beratungsstelle in den Augen der Eltern eine gute Struktur- und Prozessqualität aufweist, sind die Grundlagen für eine erfolgreiche Beratung gelegt. Die *Ergebnisqualität* der Beratungsarbeit wurde in der vorliegenden Studie über verschiedene Kriterien operationalisiert: Die Eltern sollten die Problemveränderung, die Lebensqualität, die Belastung, die Gesamtzufriedenheit und den generellen Erfolg beurteilen.

Wie erwartet, gaben die Eltern durchgängig eine positive Veränderung der Probleme an. So schätzten sie die Problemsituation direkt als verbessert ein, niemand stellte hier eine Verschlechterung fest. Die Probleme sind „heute" im Vergleich zu vor der Beratung weniger stark ausgeprägt, was das Ausmaß und die Bereiche angeht. Die Probleme treten „heute" im Vergleich zu vor der Beratung seltener auf. Die Lebensqualität der Kinder wird von den Eltern wie erwartet „heute" höher eingeschätzt als vor der Beratung. „Heute" ist die individuelle Belastung wie erwartet nicht nur beim Kind, sondern auch bei den Eltern und der Familie geringer als vor der Beratung, und dies trifft auch für die Gesamtbelastung zu. Die Gesamtzufriedenheit mit der Beratung fällt wie erwartet sehr hoch aus. Die Eltern beantworten die klassischen Fragen danach, ob sie die Beratungsstelle weiterempfehlen würden, ob sie wiederkommen würden und ob sie insgesamt zufrieden sind, sehr positiv: Die meisten Eltern wählen jeweils die beste Antwortkategorie.

Nach den FBB-Normen (Mattejat & Remschmidt, 1998a) bewerten die Eltern den Beratungserfolg jedoch bei der generellen Einschätzung – entgegen den Erwartungen – nicht sehr gut. Dies scheint vor allem darauf zurückzuführen zu sein, dass in die generelle Erfolgsbeurteilung mit eingeht, dass die Eltern bei sich selber kaum Fortschritte und Erfolge sehen. Weitere Studien sollten klären, wie wichtig den Eltern ein Beratungserfolg in diesem Bereich ist, da dies ein Aspekt sein könnte, der bei Erziehungsberatungen nicht unbedingt im Vordergrund der Arbeit steht.

Insgesamt betrachtet sind die Effekte bei den „Vorher-Heute“-Vergleichen eher im mittleren bis kleinen Bereich angesiedelt. Dies steht im Einklang mit den Befunden der Jugendhilfe-Effekte-Studie zu Erziehungsberatungsstellen (Schmidt, 2000). Da bei Erziehungsberatungsstellen die Ausgangssituation in der Regel nicht durch einen besonders großen Problemdruck gekennzeichnet ist, können dementsprechend auch nur geringere Verbesserungen erzielt werden.

8 LITERATURVERZEICHNIS

Amelang, M. & Zielinski, W. (1997). *Psychologische Diagnostik und Intervention.* Berlin: Springer.

Angleitner, A. (1980). *Einführung in die Persönlichkeitspsychologie. Nichtfaktorielle Ansätze* (Bd. Bd. 1). Bern: Huber.

Barker, C., Pistrang, N. & Elliott, R. (1995). *Research methods in clinical and counselling psychology.* Chichester: Wiley.

Becker, P. N. & Petermann, F. (1997). Diagnostik und Indikation im Rahmen der Hilfeplanerstellung. *Jugendwohl*, *78*, 257-268.

Bellebaum, A. (1994). Lebensqualität. Ein Konzept für Praxis und Forschung. In A. Bellebaum & K. Barheier (Hrsg.), *Lebensqualität - Ein Konzept für Praxis und Forschung* (S. 7-12). Opladen: Westdeutscher Verlag.

Bellebaum, A. & Barheier, K. (Hrsg.) (1994). *Lebensqualität - Ein Konzept für Praxis und Forschung.* Opladen: Westdeutscher Verlag.

Bertelmann, M., Jansen, J. & Fehling, A. (1996). Qualitätsmanagement in der psychotherapeutischen Praxis. *Report Psychologie*, *21*, 892-901.

Berufsverband Deutscher Psychologinnen und Psychologen e. V. (Hrsg.). (1986). *Berufsordnung für Psychologinnen und Psychologen.* Bonn: Deutscher Psychologen Verlag.

Bortz, J. & Döring, N. (1995). *Forschungsmethoden und Evaluation.* Berlin: Springer.

Braun, H. (1999). Wirtschaftlichkeit und Qualitätssicherung in sozialen Diensten. In F. Peterander & O. Speck (Hrsg.), *Qualitätsmanagement in sozialen Einrichtungen* (S. 134-145). München: E. Reinhardt.

Bürger, U. (2000). Zehn Jahre Kinder- und Jugendhilfegesetz. Neue Perspektiven und Akzente im Feld der Hilfen zur Erziehung? *Zeitschrift für Jugendrecht*, *87*, 446-454.

Bullinger, M. & Ravens-Sieberer, U. (1995). Grundlagen, Methoden und Anwendungsgebiete der Lebensqualitätsforschung bei Kindern. *Praxis der Kinderpsychologie und Kinderpsychiatrie*, *44*, 391-399.

Cook, T. D. & Campbell, D. T. (1979). *Quasi-experimentation. Design and analysis issues for field settings.* Chicago: Rand McNally.

Coughlan, J. G. (2001). Zur Verbesserung der Prozessqualität in einer Erziehungsberatungsstelle. *Report Psychologie*, *26*, 226-232.

Deci, E. L. & Ryan, R. M. (1993). Die Selbstbestimmungstheorie der Motivation und ihre Bedeutung für die Pädagogik. *Zeitschrift für Pädagogik*, *39*(2), 223-238.

Deci, E. L. & Ryan, R. M. (2000). The "what" and "why" of goal pursuits: Human needs and the self-determination of behavior. *Psychological Inquiry*, *11*, 227-268.

Deci, E. L. & Ryan, R. M. (2001a). *http://www.psych.rochester.edu/SDT/measures (eingesehen am 22.02.2001).*

Deci, E. L. & Ryan, R. M. (2001b). *http://www.psych.rochester.edu/SDT/measures/auton_hlth.html (eingesehen am 22.02.2001).*

Deci, E. L. & Ryan, R. M. (2001c). *http://www.psych.rochester.edu/SDT/measures/comp.html (eingesehen am 22.02.2001).*

Deci, E. L. & Ryan, R. M. (2001d). *http://www.psych.rochester.edu/SDT/measures/intrins.html (eingesehen am 22.02.2001).*

Deci, E. L. & Ryan, R. M. (2001e). *http://www.psych.rochester.edu/SDT/measures/needs.html (eingesehen am 22.02.2001).*

Deci, E. L. & Ryan, R. M. (2001f). *http://www.psych.rochester.edu/SDT/theory.html (eingesehen am 09.03.2001).*

Dilling, H., Mombour, W. & Schmidt, M. (1991). *Internationale Klassifikation psychischer Störungen (ICD-10).* Bern: Huber.

Donabedian, A. (1966). Evaluating the quality of medical care. *Milbank Memorial Fund Quarterly*, *44*, 166-203.

Eversheim, W. (Hrsg.) (1997). *Qualitätsmanagement für Dienstleister: Grundlagen, Selbstanalyse, Umsetzungshilfen.* Berlin: Springer.

Flechtner, H. (1998). Lebensqualität in der Onkologie - Ein Modell für andere Disziplinen? In K. Schmeck, F. Poustka & H. Katschnik (Hrsg.), *Qualitätssicherung und Lebensqualität in der Kinder- und Jugendpsychiatrie* (S. 175-183). Wien: Springer.

Frank, M. & Fiegenbaum, W. (1994). Therapieerfolgsmessung in der psychotherapeutischen Praxis. *Zeitschrift für Klinische Psychologie*, *23*, 268-275.

Frietsch, R. & Wirth, H. (2001). Die Übertragung der Magnitude-Prestigeskala von Wegener auf die Klassifizierung der Berufe. *ZUMA-Nachrichten*, *48*, 139-163.

Gerth, U., Menne, K. & Roth, X. (1999). Qualitätsprodukt Erziehungsberatung. In Bundesministerium für Familie, Senioren, Frauen und Jugend (Hrsg.), *Qs-Reihe - Materialien zur Qualitätssicherung in der Kinder- und Jugendhilfe* (Bd. 22). Bonn: Vereinigte Verlagsanstalten Düsseldorf.

Gerull, P. & Post, E. (1999). Qualitätssicherung durch Kunden- und Mitarbeiterbefragungen. *Unsere Jugend*, *51*, 15-24.

Grawe, K. (1998). *Psychologische Therapie.* Göttingen: Hogrefe.

Hager, W. (2001). Qualitätskontrolle und Evaluation. *Report Psychologie*, *26*, 26-31.

Heekerens, H.-P. (1998). Evaluation von Erziehungsberatung: Forschungsstand und Hinweise zu künftiger Forschung. *Praxis der Kinderpsychologie und Kinderpsychiatrie*, *47*, 589-606.

Hege, M. & Bichlmaier, R. (1965). Katamnestische Untersuchung über 5 jährige Beratungsarbeit an einer öffentlichen Erziehungsberatungsstelle. *Praxis der Kinderpsychologie und Kinderpsychiatrie*, *14*, 97-111, 141-146.

Heimanns, N. (2004). *Entwicklung und Evaluation des Fragebogens "Tagesgruppenarbeit aus Elternsicht" des Qualitätsbeurteilungssystems für Hilfen zur Erziehung (QuBuS-TG-E).* Stuttgart: Ibidem.

Hohm, E. & Petermann, F. (2000). Sind Effekte erzieherischer Hilfen stabil? Ergebnisse einer 1-Jahreskatamnese. *Kindheit und Entwicklung*, *9*, 212-221.

Holländer, A. & Schmidt, M. H. (1997). Qualitätsbeurteilung in der Jugendhilfe: Methodenentwicklung zur Erfassung der Strukturqualität. *Kindheit und Entwicklung*, *6*, 3-9.

Hunstein, D. (1999). Messung der Paitentenzufriedenheit. *BALK Info*, 34-36.

Kasser, T. & Ryan, R. M. (1993). A dark side of the american dream: Correlates of financial success as a central life aspiration. *Journal of Personality and Social Psychology*, *65*, 410-422.

Kasser, T. & Ryan, R. M. (1996). Further examining the american dream: Differential correlates of intrinsic and extrinsic goals. Personality and Social Psychology Bulletin, 22, 80-87.

Kasser, V. G. & Ryan, R. M. (1999). The relation of psychological needs for autonomy and relatedness to vitality, well-being, and mortality in a nursing home. Journal of Applied Social Psychology, 29, 935-954.

Kawski, S. & Koch, U. (1999). Qualitätssicherung in der Psychosomatischen Rehabilitation. *Psychotherapie, Psychosomatik, medizinische Psychologie*, *49*, 316-325.

Knab, E. & Macsenaere, M. (1997). Die Jugenhilfe-Effekte-Studie (JES). *Jugendwohl*, *78*, 201-209.

Kriz, J. (1985). Grundkonzepte der Pychotherapie. Weinheim: PVU.

Laireiter, A.-R. & Vogel, H. (1998). Qualitätssicherung in der Psychotherapie und psychosozialen Versorgung - Einblicke in die Werkstatt. In A.-R. Laireiter & H. Vogel (Hrsg.), *Qualitätssicherung in der Psychotherapie und psychosozialen Versorgung* (S. 17-27). Tübingen: DGVT.

Lebow, J. (1982). Consumer satisfaction with mental health treatment. *Psychological Bulletin*, *91*, 244-259.

Leimkühler, A. M. & Müller, U. (1996). Patientenzufriedenheit - Artefakt oder soziale Tatsache? *Nervenarzt*, *67*, 765-773.

Lenz, A. (2000). Praxis der Qualitätssicherung: Kinder in der Erziehungs- und Familienberatung. Eine qualitative Evaluationsstudie. In W. Körner & G. Hörmann (Hrsg.), *Handbuch der Erziehungsberatung* (Bd. 2, S. 343-389). Göttingen: Hogrefe.

Lösel, F. & Nowack, W. (1987). Evaluationsforschung. In J. Schultz-Gambard (Hrsg.), *Angewandte Sozialpsychologie* (S. 57-87). München: PVU.

Lohl, W. (1997). Aufbau der Qualitätssicherung in Beratungsstellen. Bonn: Deutscher Psychologen Verlag.

Lohl, W. (1999). Zur Qualitätssicherung in Lebens- und Erziehungsberatungsstellen. In F. Peterander & O. Speck (Hrsg.), *Qualitätsmanagement in sozialen Einrichtungen* (S. 249-256). München: E. Reinhardt.

Ludwig, M. (1991). Lebensqualität auf der Basis subjektiver Theoriebildung. In M. Bullinger, M. Ludwig & N. v. Steinbüchel (Hrsg.), *Lebensqualität bei kardiovaskulären Erkrankungen* (S. 24-34). Göttingen: Hogrefe.

Mattejat, F., Jungmann, J., Meusers, M., Moik, C., Nölkel, P., Schaff, C., Scholz, M., Schmidt, M.-H. & Remschmidt, H. (1998). Das Inventar zur Erfassung der Lebensqualität bei Kindern und Jugendlichen (ILK) - eine Pilotstudie. *Zeitschrift für Kinder- und Jugendpsychiatrie*, *26*, 174-182.

Mattejat, F. & Remschmidt, H. (1993). Evaluation von Therapien mit psychisch kranken Kindern und Jugendlichen: Entwicklung und Überprüfung eines Fragebogens zur Beurteilung der Behandlung (FBB). *Zeitschrift für Klinische Psychologie*, *22*, 192-233.

Mattejat, F. & Remschmidt, H. (1998a). *Fragebögen zur Beurteilung der Behandlung (FBB). Handanweisung.* Göttingen: Hogrefe.

Mattejat, F. & Remschmidt, H. (1998b). Zur Erfassung der Lebensqualität bei psychisch gestörten Kindern und Jugendlichen - Eine Übersicht. *Zeitschrift für Kinder- und Jugendpsychiatrie*, *26*, 183-196.

Merchel, J. (2000). Qualitätsentwicklung durch Gesetz? Zur Bedeutung des KJHG für die Qualitätsentwicklung in der Jugendhilfe. *Zeitschrift für Jugendrecht*, *87*, 15-21.

Mittag, W. & Hager, W. (1998). Entwurf eines integrativen Konzeptes zur Evaluation pädagogisch-psychologischer Interventionen. In M. Beck (Hrsg.), *Evaluation als Maßnahme der Qualitätssicherung* (S. 13-40). Tübingen: Dgvt-Verlag.

Mosebach, U. (1997). Die Qualität sozialer Dienstleistungen. *Jugendwohl, 78*, 218-226.

Nitsch, R. (1997). Beratung im Urteil der Klienten - Ergebnisse katamnestischer Befragungen. *Jugendwohl, 78*, 357-371.

Nübling, R. & Schmidt, J. (1998). Qualitätssicherung in der Psychotherapie: Grundlagen, Realisierungsansätze, künftige Aufgaben. In A.-R. Laireiter & H. Vogel (Hrsg.), *Qualitätssicherung in der Psychotherapie und psychosozialen Versorgung: Ein Werkstattbuch* (S. 49-74). Tübingen: DGVT.

Pelletier, L. G., Tuson, K. M. & Haddad, N. K. (1997). Client motivation for therapy scale: A measure of intrinsic motivation, and amotivation for therapy. *Journal of Personality Assessment, 68*, 414-435.

Petermann, F. (Hrsg.). (2000). *Lehrbuch der Klinischen Kinderpsychologie und -psychotherapie.* Göttingen: Hogrefe.

Petermann, F., Sauer, B. & Becker, P. N. (1997). Methoden der Effektivitätsforschung in der Jugendhilfe. *Kindheit und Entwicklung, 6*, 10-17.

Petermann, F. & Schmidt, M. H. (1997). Qualitätssicherung in der Jugendhilfe - Eine Einführung in den Themenschwerpunkt. *Kindheit und Entwicklung, 6*, 2.

Petermann, F. & Schmidt, M. H. (2000). Jugendhilfe-Effekte - Einführung in den Themenschwerpunkt. *Kindheit und Entwicklung, 9*, 197-201.

Pinter, E., Stürwold, H., Arnold, U., Plocek, M., Schramm, R. & Sommer, H. (1995). DIN ISO 9004 Teil 2 als Leitlinie für ein zeitgemäßes Qualitätsmanagement im Krankenhaus. Umfassendes Qualitätsmanagement. *Krankenhaus Umschau. KU-Special Qualitätssicherung, 3*, 22-32.

Popp-Wilhelmy, N. (1996). Sind unsere Klienten mit unserer Arbeit zufrieden? Eine katamnestische Studie. *LAG-Info Niedersachsen, 2*, 10-14.

Reis, H. T., Sheldon, K. M., Gable, S. L., Roscoe, J. & Ryan, R. M. (2000). Daily well-being: The role of autonomy, competence, and relatedness. *Personality and Social Psychology Bulletin, 26*, 419-435.

Remschmidt, H. & Schmidt, M. H. (1994). *Multiaxiales Klassifikationsschema für psychische Störungen des Kindes- und Jugendalters nach ICD-10 der WHO (3. rev. Aufl.).* Bern: Huber.

Rennen-Allhoff, B. (1991). Wie verläßlich sind Elternangaben? *Praxis der Kinderpsychologie und Kinderpsychiatrie*, *40*, 333-338.

Rollett, B. (1998). Erziehungsberatung. *Handwörterbuch der Pädagogischen Psychologie.*

Rost, J. (2000). Allgemeine Standards für die Evaluationsforschung. In W. Hager (Hrsg.), *Evaluation psychologischer Interventionsmaßnahmen: Standards und Kriterien: ein Handbuch* (S. 129-140). Bern: Huber.

Ryan, R. M., Chirkov, V. I., Little, T. D., Sheldon, K. M., Timoshina, E. & Deci, E. L. (1999). The american dream in russia: Extrinsic aspirations and well-being in two cultures. *Personality and Social Psychology Bulletin*, *25*, 1509-1524.

Ryan, R. M. & Deci, E. L. (2000). Self-determination theory and the facilitation of intrinsic motivation, social development and well-being. *American Psychologist*, *55*, 68-78.

Ryan, R. M. & Deci, E. L. (2001). On happiness and human potentials: A review of research on hedonic and eudaimonic well-being. *Annual Review of Psychology*, *52*, 141-166.

Sakofski, A. & Kämmerer, A. (1986). Evaluation von Erziehungsberatung: Katamnestische Untersuchung zum Therapieerfolg. *Zeitschrift für Klinische Psychologie*, *15*, 321-332.

Saß, H., Wittchen, H.-U. & Zaudig, M. (1996). *Diagnostisches und statistisches Manual psychischer Störungen (DSM-IV).* Göttingen: Hogrefe.

Schmeck, K. (1998). Lebensqualität in der Kinder- und Jugendpsychiatrie. In K. Schmeck, F. Poustka & H. Katschnik (Hrsg.), *Qualitätssicherung und Lebensqualität in der Kinder- und Jugendpsychiatrie* (S. 195-208). Wien: Springer.

Schmidt, M. H. (2000). *Neues für die Jugendhilfe? Ergebnisse der Jugendhilfe-Effekte-Studie.* Freiburg i.B.: Deutscher Caritasverband e.V. und Bundesverband Katholischer Einrichtungen und Dienste der Erziehungshilfen e.V.

Schmidt, M. H. & Hohm, E. (1997). Erfassung von Prozeßmerkmalen im Rahmen von Erziehungshilfen. *Kindheit und Entwicklung*, *6*, 18-24.

Schmidt, M. H., Schneider, K., Hohm, E., Pickartz, A., Macsenaere, M., Petermann, F. & Knab, E. (2000). Effekte, Verlauf und Erfolgsbedingungen unterschiedlicher erzieherischer Hilfen. *Kindheit und Entwicklung*, *9*, 202-211.

Schulte, D. (1993). Wie soll Psychotherapie gemessen werden? *Zeitschrift für Klinische Psychologie*, *22*, 374-393.

Seligman, M. E. P. (1995). The effectiveness of psychotherapy. *American Psychologist*, *50*, 965-974.

Sheldon, K. M., Ryan, R. M., Rawsthorne, L. & Ilardi, B. (1997). Trait self and true self: Cross-role variation in the Big Five traits and its relations with authenticity and subjective well-being. *Journal of Personality and Social Psychology*, *73*, 1380-1393.

Sheldon, K. M., Ryan, R. & Reis, H. T. (1996). What makes for a good day? Competence and autonomy in the day and in the person. *Personality and Social Psychology Bulletin*, *22*, 1270-1279.

Speck, O. (1999). Marktgesteuerte Qualität - eine neue Sozialphilosophie. In F. Peterander & O. Speck (Hrsg.), *Qualitätsmanagement in sozialen Einrichtungen* (S. 15-30). München: E. Reinhardt.

Spießl, H., Cording, C. & Klein, H. E. (1997). Qualitätssicherung durch Patientenbefragungen. *Zeitschrift für ärztliche Fortbildung und Qualitätssicherung*, *91*, 761-765.

Spöhring, W. & Hermer, M. (1998). Ergebnisqualität - Reichweite eines Konzeptes in Psychiatrie und Psychotherapie. In A.-R. Laireiter & H. Vogel (Hrsg.), *Qualitätssicherung in der Psychotherapie und psychosozialen Versorgung* (S. 559-574). Tübingen: DGVT.

Statistisches Bundesamt (Hrsg.). (2000). Statistik der Kinder- und Jugendhilfe. Teil I. 1 Institutionelle Beratung 1999 (Arbeitsunterlage). In *Fachserie 13* (Sozialleistungen), Reihe 6 (Jugendhilfe). Wiesbaden: Statistisches Bundesamt.

Steinhausen, H.-C. (1996). *Psychische Störungen bei Kindern und Jugendlichen.* München: Urban & Schwarzenberg.

Straus, F. (1998). Qualitätsmanagement in der Erziehungsberatung. In W. Körner & G. Hörmann (Hrsg.), *Handbuch der Erziehungsberatung* (Bd. 1, S. 483-506). Göttingen: Hogrefe.

Wabnitz, R. J. (1997). Die Kinder- und Jugendhilfe in Deutschland. *Jugendwohl, 78*, 294-316.

Weber, I. (1995). Lebensqualität: Messung und Ergebnisbeurteilung. *Deutsches Ärzteblatt, 92*, C-833.

WHO. (2001). *www.who.int/aboutwho/en/definition.html (eingesehen am 06.12.2001).*

Wild, E. & Wild, K.-P. (2000). Anwendungsfelder pädagogisch-psychologischer Forschung. In A. Krapp & B. Weidemann (Hrsg.), *Pädagogische Psychologie*. Weinheim: Beltz.

Williams, G. C., Freedman, Z. R. & Deci, E. L. (1998). Supporting autonomy to motivate patients with diabetes for glucose control. *Diabetes Care, 21*, 1644-1651.

Williams, G. C., Grow, V. M., Freedman, Z. R., Ryan, R. M. & Deci, E. L. (1996). Motivational predictors of weight loss and weight- loss maintenance. *Journal of Personality and Social Psychology, 70*, 115-126.

Williams, G. C., Rodin, G. C., Ryan, R. M., Grolnick, W. S. & Deci, E. L. (1998). Autonomous regulations and long-term medication adherence in adult outpatients. *Health Psychology, 17*, 269-276.

Wottawa, H. & Thierau, H. (1990). *Evaluation.* Bern: Hans Huber.

9 ANHANG A: ANSCHREIBEN AN DIE ELTERN

Fakultät für Psychologie und Sportwissenschaft
Abteilung für Psychologie
Pädagogisch-Psychologische Beratungsstelle

Universität Bielefeld ■ Postfach 10 01 31 ■ 33501 Bielefeld

Telefon: (0521) 106-4494
Telefax: (0521) 106-8017
E-Mail:
paed-psych-beratung@uni-bielefeld.de

Bielefeld, 18.05.2001

Liebe Familie «NAME»,

Sie haben sich «BEGINN» wegen Ihres Kindes «VORNAME» an die pädagogisch-psychologische Beratungsstelle der Universität Bielefeld gewandt und eine Beratung erhalten.

Um einen hohen Standard bei unserer Beratung gewährleisten zu können, ist es wichtig, die Qualität der Arbeit genauer zu betrachten. Wir haben deshalb schon früher regelmäßig Fragebögen an die Eltern verschickt, in denen sie die Gelegenheit hatten, ihre Bewertung und ihre Zufriedenheit mit der Beratung anzugeben.

Vielleicht haben auch Sie bereits einen dieser Fragebögen mit der Bitte zugeschickt bekommen, die erhaltene Beratung zu bewerten. Dann ist Ihnen sicherlich aufgefallen, dass der jetzige Fragebogen ganz anders aussieht.

Für die aktuelle Umfrage haben wir den Fragebogen für die Eltern neu gestaltet, so dass Sie uns Ihre Erfahrungen und Zufriedenheit bezüglich der Beratungsstelle einfacher mitteilen können. Diese Umfrage wird von Frau Burckhardt im Rahmen Ihrer Abschlussarbeit ausgewertet.

Wir möchten Sie bitten, die Arbeit der Beratungsstelle zu unterstützen, indem Sie den beiliegenden Fragebogen ausfüllen und in dem adressierten Rückumschlag an die Beratungsstelle zurücksenden.

Als kleines Dankeschön würden wir Ihnen gerne die Ergebnisse der Umfrage und eine Broschüre mit den aktuellen Serviceleistungen der pädagogisch–psychologischen Beratungsstelle zuschicken. Falls Sie daran interessiert sind, schicken Sie bitte den entsprechenden Vordruck mit an uns zurück.

Alle Ihre Angaben werden selbstverständlich streng vertraulich behandelt und nicht im Zusammenhang mit Ihrem Namen gespeichert oder ausgewertet.

Wir bedanken uns schon jetzt ganz herzlich für Ihre Unterstützung und verbleiben

mit freundlichen Grüßen,

(Prof. Wild, Leiterin der Beratungsstelle) (Dipl. Psych. (), Beraterin) (Cand.-Psych. Burckhardt)

10 ANHANG B: DER FRAGEBOGEN EB-E

Universität Bielefeld

Fakultät für Psychologie und Sportwissenschaft
Abteilung für Psychologie
Pädagogisch-Psychologische Beratungsstelle

Fragebogen für die Eltern zur Bewertung der Beratung

Liebe Eltern,

an dieser Stelle schon einmal vielen Dank, dass Sie sich die Mühe machen, diesen Fragebogen zu bearbeiten.

Nun ein paar Erläuterungen zum Aufbau des Fragebogens.

Der Fragebogen besteht aus den Teilen A, B und C.

Im **Teil A** geht es um den **Zeitraum vor der Beratung**.

Hier interessiert uns, wie der Wunsch nach Unterstützung für Ihr Kind entstanden ist.

Im **Teil B** geht es um die **Beratung selbst**.

Hier möchten wir wissen, wie zufrieden Sie mit der Arbeit der Beratungsstelle waren.

Im **Teil C** geht es um die **derzeitige Situation**.

Hier interessiert uns, wie sich die Lage Ihrer Familie durch die Beratung verändert hat.

Am Ende des Fragebogens haben Sie dann noch die Möglichkeit, eigene Anmerkungen zur Beratung zu machen.

Die Familien, die sich an unsere Beratungsstelle wenden, sind sehr unterschiedlich. Daher kann es sein, dass nicht jede Frage genau auf Ihre Familie zutrifft. Bitte versuchen Sie trotzdem, **alle Fragen** so gut wie möglich zu beantworten. Wenn Sie bei einer Antwort unsicher sind, kreuzen Sie bitte die Antwortmöglichkeit an, die am ehesten auf Sie zutrifft.

Viel Spaß beim Ausfüllen des Fragebogens!

Angaben zu dem Kind, mit dem Sie in der Beratung waren:

Geschlecht
☐ männlich
☐ weiblich

heutiges Alter
_____ Jahre

heutige Schulform
☐ Grundschule
☐ Hauptschule
☐ Realschule
☐ Gymnasium
☐ Gesamtschule
☐ andere: ______

Wer lebt gegenwärtig in Ihrer Familie?
☐ Mutter
☐ Vater
☐ Stiefmutter
☐ Stiefvater
☐ ___ Geschwister *(Bitte Anzahl eintragen.)*
☐ andere: ________

Im **Teil A** geht es um den Zeitraum, bevor Sie die Beratung begonnen haben.

Wer füllt den Fragebogen aus? A 1

☐ Mutter
☐ Vater
☐ Eltern gemeinsam
☐ andere: __________

Wer ist als **erster** auf den Gedanken gekommen, eine Beratung in Anspruch zu nehmen? A 2
(Bitte kreuzen Sie nur ein Kästchen an.)

☐ Mutter
☐ Vater
☐ das Kind selbst
☐ Lehrer / Schule
☐ Arzt
☐ andere: ________________

Wodurch sind Sie auf **diese** Beratungsstelle aufmerksam geworden? A 3
(Bitte kreuzen Sie alle zutreffenden Angaben an.)

☐ Freunde, Bekannte, Kollegen
☐ Lehrer / Schule
☐ Arzt
☐ Internet
☐ Informationsveranstaltungen
☐ andere: ________________

Warum haben Sie sich für **diese** Beratungsstelle entschieden? A 4
(Bitte kreuzen Sie alle zutreffenden Angaben an.)

☐ guter Ruf
☐ günstige Lage
☐ erstbeste Adresse genommen
☐ kostenlose Beratung
☐ kürzeste Wartezeit
☐ Empfehlung
☐ gute Erfahrung gemacht
☐ andere: ________________

Wir haben eine Reihe von Schwierigkeiten aufgelistet, mit denen sich Familien häufig an Beratungsstellen wenden. Wir würden gerne wissen, wie das bei Ihnen war.

Bitte beurteilen Sie daher bei **jedem** Problem, ob bzw. in welchem Ausmaß es bei Ihrem Kind zutraf.

Worin bestand das problematische Verhalten, Erleben o.ä. **vor dem Beginn** der Beratung? A 5				
(Bitte kreuzen Sie in jeder Zeile ein Kästchen an.) **Es gab ...**	**traf gar nicht zu**	**traf eher nicht zu**	**traf eher zu**	**traf völlig zu**
... allgemeine Lern- und Leistungsprobleme	☐	☐	☐	☐
... Konzentrationsschwierigkeiten	☐	☐	☐	☐
... Lese-Rechtschreibschwäche	☐	☐	☐	☐
... Unterforderung in der Schule	☐	☐	☐	☐
... mangelnde Motivation, Schulunlust	☐	☐	☐	☐
... Schulverweigerung (z.B. Schule schwänzen)	☐	☐	☐	☐
... Aggressivität	☐	☐	☐	☐
... extreme Unruhe	☐	☐	☐	☐
... auffälliges Verhalten (z.B. extremes Lügen, Stehlen, Zündeln, ...)	☐	☐	☐	☐
... Ängste	☐	☐	☐	☐
... mangelndes Selbstvertrauen / Unsicherheit	☐	☐	☐	☐
... Kontaktprobleme / Schüchternheit	☐	☐	☐	☐
... Eltern - Kind Konflikte	☐	☐	☐	☐
... Geschwisterkonflikte	☐	☐	☐	☐
... Schlafstörungen	☐	☐	☐	☐
... Einnässen oder Einkoten	☐	☐	☐	☐
... körperliche Beschwerden, (z.B. Kopf-, Bauchschmerzen, Asthma, Allergien)	☐	☐	☐	☐
... Unsicherheit bezüglich der weiteren Schullaufbahn / beruflichen Entwicklung	☐	☐	☐	☐
... andere Probleme: ________________	☐	☐	☐	☐

In welchen der folgenden Bereiche traten die genannten Probleme **vor dem Beginn** der Beratung auf? A 6				
(Bitte kreuzen Sie in jeder Zeile ein Kästchen an.) **Die Probleme traten auf ...**	**traf gar nicht zu**	**traf eher nicht zu**	**traf eher zu**	**traf völlig zu**
... in der Schule.	☐	☐	☐	☐
... in der Familie.	☐	☐	☐	☐
... in der Freizeit.	☐	☐	☐	☐
... in: ____________________	☐	☐	☐	☐

Gab es Ihrer Meinung nach irgendwelche Ereignisse, die das Problem verursacht haben könnten? (z.B. Trennung der Eltern, Umzug, Arbeitslosigkeit) A 7
☐ nein ☐ ja, nämlich: ____

Auch die folgenden Fragen beziehen sich auf den Zeitraum, bevor Sie mit der Beratung anfingen.

Wie ging es Ihrem Kind **damals**? *(Bitte kreuzen Sie in jeder Zeile ein Kästchen an.)*					A 8
Wie gut kam Ihr Kind **damals** mit den schulischen Leistungsanforderungen zurecht?	sehr gut ☐	eher gut ☐	teils teils ☐	eher schlecht ☐	sehr schlecht ☐
Wie gut war **damals** die Beziehung Ihres Kindes zu Ihnen und zu den anderen Familienmitgliedern (Erwachsene und Kinder)?	sehr gut ☐	eher gut ☐	teils teils ☐	eher schlecht ☐	sehr schlecht ☐
Wie gut war **damals** der Kontakt Ihres Kindes zu anderen Kindern in der Freizeit?	sehr gut ☐	eher gut ☐	teils teils ☐	eher schlecht ☐	sehr schlecht ☐
Wie gut konnte Ihr Kind sich **damals** alleine beschäftigen (Spielen, Interessen, Aktivitäten)?	sehr gut ☐	eher gut ☐	teils teils ☐	eher schlecht ☐	sehr schlecht ☐
Wie schätzen Sie die **damalige** körperliche Gesundheit Ihres Kindes ein?	sehr gut ☐	eher gut ☐	teils teils ☐	eher schlecht ☐	sehr schlecht ☐
Wie schätzen Sie die **damalige** „nervliche" und seelische Verfassung Ihres Kindes ein?	sehr gut ☐	eher gut ☐	teils teils ☐	eher schlecht ☐	sehr schlecht ☐
Wenn Sie alle genannten Aspekte und Lebensbereiche Ihres Kindes zusammenfassen: Wie gut ging es Ihrem Kind **damals** insgesamt?	sehr gut ☐	eher gut ☐	teils teils ☐	eher schlecht ☐	sehr schlecht ☐
Wie stark war Ihr Kind **damals** durch die Probleme, die Sie zu uns geführt haben, belastet?	überhaupt nicht belastet ☐	wenig belastet ☐	mäßig belastet ☐	stark belastet ☐	sehr stark belastet ☐
Wie stark fühlten Sie sich selbst **damals** durch die Probleme Ihres Kindes belastet?	überhaupt nicht belastet ☐	wenig belastet ☐	mäßig belastet ☐	stark belastet ☐	sehr stark belastet ☐
Wie stark war die Stimmung / das Klima in Ihrer Familie **damals** belastet?	überhaupt nicht belastet ☐	wenig belastet ☐	mäßig belastet ☐	stark belastet ☐	sehr stark belastet ☐

Wie lange **vor dem Beginn** der Beratung gab es die Probleme schon? A 9
(Bitte kreuzen Sie nur ein Kästchen an.)

- ☐ einige Wochen
- ☐ mehrere (2 bis 6) Monate
- ☐ 7 Monate bis zu 1 Jahr
- ☐ 1 bis 2 Jahre
- ☐ noch länger

Wann haben Sie sich entschlossen, sich nach Hilfe umzusehen? A 10
Bitte geben Sie an, wie lange es vom ersten Gedanken an gedauert hat, bis es zur Kontaktaufnahme mit der Beratungsstelle kam.
(Bitte kreuzen Sie nur ein Kästchen an.)

- ☐ einige Wochen
- ☐ mehrere (2 bis 6) Monate
- ☐ 7 Monate bis zu 1 Jahr
- ☐ 1 bis 2 Jahre
- ☐ noch länger

Wie oft traten die Probleme **vor dem Beginn** der Beratung auf? A 11
(Bitte kreuzen Sie nur ein Kästchen an.)

- ☐ mehrmals täglich
- ☐ täglich
- ☐ mehrmals wöchentlich
- ☐ mehrmals monatlich
- ☐ seltener

Wie groß war Ihre Erwartung an eine dauerhafte Besserung des Problems durch die Beratung? A 12
(Bitte kreuzen Sie nur ein Kästchen an.)

- ☐ vollständige Besserung
- ☐ deutliche Besserung
- ☐ leichte Besserung
- ☐ keine Veränderung

Nun kommt **Teil B**, in dem es um die Beratung selbst geht.

Welche Leistungen haben Sie bei dieser Beratung in Anspruch genommen? *(Bitte kreuzen Sie alle zutreffenden Angaben an.)*	B 1
☐ Abklärung des Problems und Diagnose ☐ Förderung des Kindes ☐ Spiele und Gespräche mit dem Kind ☐ Elterngespräche ☐ Familiengespräche ☐ Schulbesuche durch die Berater ☐ schriftliche Stellungnahme, Gutachten ☐ Überweisung an ____________________ ☐ andere: __________________	

Bitte geben Sie an, wie wichtig Ihnen folgende Aspekte bei der Beratung waren. B 2

(Bitte kreuzen Sie in jeder Zeile ein Kästchen an.) **Wie wichtig war Ihnen bei der Beratung, dass ...**	**völlig unwichtig**	**eher unwichtig**	**eher wichtig**	**sehr wichtig**
... das Problem abgeklärt wird (Diagnose)?	☐	☐	☐	☐
... Sie besser über das Problem Bescheid wissen?	☐	☐	☐	☐
... das Problem vom Berater gelöst wird?	☐	☐	☐	☐
... Sie vom Berater Tipps zum Umgang mit dem Problem bekommen?	☐	☐	☐	☐
... andere: __________________	☐	☐	☐	☐

Wie groß war für Sie die Entlastung durch die Beratung? *(Bitte kreuzen Sie nur ein Kästchen an.)*	B 3
☐ sehr gering ☐ gering ☐ mittel ☐ groß ☐ sehr groß	

Wie groß war Ihr Aufwand für die Beratung? (z.B. organisatorischer Aufwand, zeitl. Aufwand für Gespräche) *(Bitte kreuzen Sie nur ein Kästchen an.)*	B 4
☐ sehr gering ☐ gering ☐ mittel ☐ groß ☐ sehr groß	

Jetzt interessiert uns, welche Hilfen Sie neben dieser Beratung noch in Anspruch genommen haben bzw. nehmen, um die Probleme mit Ihrem Kind zu lösen.
Bitte machen Sie die Angaben getrennt für die Zeit vor und während der Beratung sowie für heute.

Wir hatten / haben folgende sonstige Hilfen in Anspruch genommen: B 5

(Bitte kreuzen Sie in jeder Zeile mindestens ein Kästchen an.)	**in der Zeit vor der Beratung**	**in der Zeit während der Beratung**	**heute**	**nie**
1. andere Erziehungsberatungsstelle	☐	☐	☐	☐
2. sozialpädagogische Familienhilfe	☐	☐	☐	☐
3. psychotherapeutische Behandlung eines Elternteils	☐	☐	☐	☐
4. Psychotherapie des Kindes	☐	☐	☐	☐
5. medikamentöse Behandlung der Verhaltensauffälligkeiten des Kindes welche? __________________	☐	☐	☐	☐
6. motorische Förderung des Kindes (z.B. Bewegungstherapie, Ergotherapie)	☐	☐	☐	☐
7. sprachliche Förderung des Kindes	☐	☐	☐	☐
8. schulische Förderung des Kindes (z.B. Nachhilfe)	☐	☐	☐	☐
9. andere: __________________	☐	☐	☐	☐

Die drei Abschnitte auf dieser Seite beziehen sich darauf, wie Sie als Eltern den Berater * erlebt haben. Bitte schätzen Sie für jede Aussage ein, inwieweit sie auf Ihre Beratung zutraf.

Zuerst geht es darum, inwieweit der Berater Sie darin unterstützt hat, das Problem selbständig zu lösen. B 6

(Bitte kreuzen Sie in jeder Zeile ein Kästchen an.) **Der Berater ...**	**trifft gar nicht zu**	**trifft eher nicht zu**	**teils teils**	**trifft eher zu**	**trifft völlig zu**
... zeigte uns Möglichkeiten / Lösungswege auf.	☐	☐	☐	☐	☐
... unterstützte uns darin, das Problem eigenständig in den Griff zu kriegen.	☐	☐	☐	☐	☐
... ermutigte uns, Fragen zu stellen.	☐	☐	☐	☐	☐
... war offen für unsere eigenen Ideen, mit dem Problem umzugehen.	☐	☐	☐	☐	☐
... ging auf unsere Sichtweisen ein, bevor er Vorschläge zur Vorgehensweise machte.	☐	☐	☐	☐	☐
... beachtete unsere Meinung und berücksichtigte sie bei Entscheidungen.	☐	☐	☐	☐	☐
... wirkte unzufrieden, wenn wir nicht auf seine Vorschläge eingingen.	☐	☐	☐	☐	☐

Jetzt interessiert uns, wie Sie die Beziehung zum Berater in den Sitzungen erlebt haben. B 7

(Bitte kreuzen Sie in jeder Zeile ein Kästchen an.) **Der Berater vermittelte uns damals das Gefühl, ...**	**trifft gar nicht zu**	**trifft eher nicht zu**	**teils teils**	**trifft eher zu**	**trifft völlig zu**
... dass wir ernst genommen werden.	☐	☐	☐	☐	☐
... dass er abweisend und unnahbar ist.	☐	☐	☐	☐	☐
... dass wir gut miteinander auskommen.	☐	☐	☐	☐	☐
... dass man ihm trauen kann.	☐	☐	☐	☐	☐
... dass er uns versteht.	☐	☐	☐	☐	☐
... dass wir offen mit ihm über unsere Probleme reden können.	☐	☐	☐	☐	☐

Zuletzt geht es darum, inwieweit der Berater es geschafft hat, dass Sie sich fähig fühlten, das Problem anzugehen. B 8

(Bitte kreuzen Sie in jeder Zeile ein Kästchen an.) **Der Berater vermittelte uns damals das Gefühl, ...**	**trifft gar nicht zu**	**trifft eher nicht zu**	**teils teils**	**trifft eher zu**	**trifft völlig zu**
... dass wir fähig sind, das Problem zu lösen.	☐	☐	☐	☐	☐
... dass wir ziemlich klein und unwissend sind.	☐	☐	☐	☐	☐
... dass wir in der Lage sind, gut mit dem Problem umzugehen.	☐	☐	☐	☐	☐
... dass wir die Anregungen aus der Beratung zu Hause / im Alltag umsetzen können.	☐	☐	☐	☐	☐
... dass wir mit dem Problem überfordert sind.	☐	☐	☐	☐	☐
... dass wir die Experten für unser Problem sind.	☐	☐	☐	☐	☐
... dass wir in der Beratung weiterkommen.	☐	☐	☐	☐	☐

* Aus Gründen der Einfachheit steht hier nur „Berater". Selbstverständlich sind aber auch „**Beraterinnen**" gemeint.

Die folgenden Fragen beziehen sich noch einmal auf die Beratung im Ganzen.

Überprüfen Sie bitte bei den folgenden Feststellungen, inwieweit diese für die Beratung Ihres Kindes zutreffen. Beziehen Sie sich dabei auf den **gesamten** Beratungszeitraum und nicht nur auf das Ende der Beratung.					B 9
(Bitte kreuzen Sie in jeder Zeile die zutreffende Zahl an.)	überhaupt nicht/ niemals	kaum/ selten	teilweise/ manchmal	überwiegend/ meistens	ganz genau/ immer
Die Beratung war für mein Kind hilfreich.	0	1	2	3	4
Ich würde bei einem anderen Problem wieder hierher kommen.	0	1	2	3	4
Ich wurde über Sinn und Zweck der Behandlung und über ihren Verlauf ausreichend informiert.	0	1	2	3	4
Wir kommen in unserer Familie jetzt besser miteinander aus als vor der Beratung.	0	1	2	3	4
Im Verlaufe der Beratung konnte ich mein Verhalten gegenüber meinem Kind positiv verändern.	0	1	2	3	4
Ich war mit allen Maßnahmen im Verlauf der Beratung völlig einverstanden.	0	1	2	3	4
Ich würde die Beratungsstelle Freunden und Bekannten empfehlen.	0	1	2	3	4
Ich fühlte mich ausreichend in die Beratung mit einbezogen.	0	1	2	3	4
Die Probleme meines Kindes haben sich im Verlaufe der Beratung verbessert.	0	1	2	3	4
Durch die Gespräche mit dem Berater bekam ich ein besseres Verständnis für die Probleme meines Kindes.	0	1	2	3	4
Im Verlaufe der Beratung haben sich auch meine eigenen Probleme gebessert.	0	1	2	3	4
Im Verlaufe der Beratung bin ich auch für mich persönlich ein Stück weitergekommen.	0	1	2	3	4
Ich bin mit der Beratung zufrieden.	0	1	2	3	4

Wurde die Beratung vorzeitig abgebrochen? B 10

- ☐ nein
- ☐ ja,
  - ☐ durch uns
  - ☐ durch den Berater
  - ☐ durch das Kind
  - ☐ wegen äußerer Umstände (z.B. Umzug, organisatorische Gründe)
  - ☐ andere Gründe: ____________________

Hätten Sie die Beratung gerne weiter fortgesetzt? B 11

- ☐ nein
- ☐ ja,
  - ☐ mit gleichem Stundenumfang
  - ☐ mit weniger Stunden

Falls ja, aus welchen Gründen hätten Sie die Beratung gerne weiter fortgesetzt?				B 12
(Bitte kreuzen Sie in jeder Zeile ein Kästchen an.)	trifft gar nicht zu	trifft eher nicht zu	trifft eher zu	trifft völlig zu
Das Problem hatte sich noch nicht ausreichend verbessert.	☐	☐	☐	☐
Wir hätten gerne mehr Tipps und Anleitung gehabt.	☐	☐	☐	☐
Wir hätten gerne mehr Sicherheit / Routine bekommen.	☐	☐	☐	☐
Die Umsetzung im Alltag klappte noch nicht.	☐	☐	☐	☐
Ohne Beratung fehlte die nötige Motivation.	☐	☐	☐	☐
andere: ________________________________	☐	☐	☐	☐

Bitte geben Sie an, wie zufrieden Sie mit einzelnen Aspekten der Beratungsstelle waren.

Wie zufrieden waren Sie mit ...				B 13
(Bitte kreuzen Sie in jeder Zeile ein Kästchen an.)	völlig unzufrieden	eher unzufrie-den	eher zufrieden	völlig zufrieden
... der Lage bzw. Erreichbarkeit?	☐	☐	☐	☐
... den Öffnungszeiten?	☐	☐	☐	☐
... der telefonischen Erreichbarkeit?	☐	☐	☐	☐
... der Wartezeit bis zur Beratung?	☐	☐	☐	☐
... den Räumlichkeiten?	☐	☐	☐	☐
... der Atmosphäre?	☐	☐	☐	☐
... der Flexibilität bei der Terminabsprache?	☐	☐	☐	☐
... der Gestaltung der Elterngespräche?	☐	☐	☐	☐
... damit, wer bei den Gesprächen anwesend war?	☐	☐	☐	☐
... der fachlichen Kompetenz der Mitarbeiter?	☐	☐	☐	☐
... dem persönlichen Umgang der Mitarbeiter mit Ihnen?	☐	☐	☐	☐
... dem Umgang der Mitarbeiter mit Ihrem Kind?	☐	☐	☐	☐
... dem Informationsaustausch zwischen den Mitarbeitern und Ihnen?	☐	☐	☐	☐
... der Auswahl an Angeboten?	☐	☐	☐	☐
... der Überschaubarkeit der Angebote?	☐	☐	☐	☐
... der Gestaltung des Endes der Beratung?	☐	☐	☐	☐

Folgende Aspekte treffen nicht bei jeder Familie zu:
Falls es bei Ihnen zutrifft, geben Sie bitte wieder Ihre Zufriedenheit an.
Falls es bei Ihnen nicht zutrifft, kreuzen Sie bitte an, ob Sie es gerne gehabt hätten.

Wie zufrieden waren Sie mit ...					B 14
(Bitte kreuzen Sie alle zutreffenden Angaben an.)	völlig unzufrieden	eher unzufrieden	eher zufrieden	völlig zufrieden	hätten wir gerne gehabt
... dem Ablauf des Beraterwechsels?	☐	☐	☐	☐	☐
... der Nachbetreuung?	☐	☐	☐	☐	☐
... den Videoaufzeichnungen?	☐	☐	☐	☐	☐
... dem Einbezug der Schule / Lehrer?	☐	☐	☐	☐	☐
... der Unterstützung in schulischen Belangen?	☐	☐	☐	☐	☐
... der Förderung Ihres Kindes?	☐	☐	☐	☐	☐
... den durchgeführten psychologischen Tests?	☐	☐	☐	☐	☐
... der schriftlichen Stellungnahme?	☐	☐	☐	☐	☐

Wie zufrieden waren Sie mit der Anzahl ...					B 15
(Bitte kreuzen Sie in jeder Zeile ein Kästchen an.)	zu wenig	eher zu wenig	genau richtig	eher zu viel	zu viel
... der Beratungskontakte?	☐	☐	☐	☐	☐
... der Elterngespräche?	☐	☐	☐	☐	☐
... der durchgeführten psychologischen Tests?	☐	☐	☐	☐	☐
... der Fachkräfte bei den Gesprächen?	☐	☐	☐	☐	☐

Nun beginnt **Teil C**, der sich auf die derzeitige Situation in Ihrer Familie bezieht.
Hier sehen Sie wieder die gleiche Liste wie am Anfang des Fragebogens.
Jetzt interessiert uns aber, wie es mit den Schwierigkeiten **zurzeit** aussieht.
Bitte geben Sie bei der folgenden Aufzählung für **jedes** Problem an, inwieweit es heute bei Ihrem Kind zutrifft.

Gibt es **zurzeit** noch Schwierigkeiten bei Ihrem Kind?				C 1
(Bitte kreuzen Sie in jeder Zeile ein Kästchen an.) **Es gibt ...**	trifft gar nicht zu	trifft eher nicht zu	trifft eher zu	trifft völlig zu
... allgemeine Lern- und Leistungsprobleme	☐	☐	☐	☐
... Konzentrationsschwierigkeiten	☐	☐	☐	☐
... Lese-Rechtschreibschwäche	☐	☐	☐	☐
... Unterforderung in der Schule	☐	☐	☐	☐
... mangelnde Motivation, Schulunlust	☐	☐	☐	☐
... Schulverweigerung (z.B. Schule schwänzen)	☐	☐	☐	☐
... Aggressivität	☐	☐	☐	☐
... extreme Unruhe	☐	☐	☐	☐
... auffälliges Verhalten, (z.B. extremes Lügen, Stehlen, Zündeln, ...)	☐	☐	☐	☐
... Ängste	☐	☐	☐	☐
... mangelndes Selbstvertrauen / Unsicherheit	☐	☐	☐	☐
... Kontaktprobleme / Schüchternheit	☐	☐	☐	☐
... Eltern - Kind Konflikte	☐	☐	☐	☐
... Geschwisterkonflikte	☐	☐	☐	☐
... Schlafstörungen	☐	☐	☐	☐
... Einnässen oder Einkoten	☐	☐	☐	☐
... körperliche Beschwerden, (z.B. Kopf-, Bauchschmerzen, Asthma, Allergien)	☐	☐	☐	☐
... Unsicherheit bezüglich der weiteren Schullaufbahn / beruflichen Entwicklung	☐	☐	☐	☐
... andere Probleme: ________________	☐	☐	☐	☐

In welchen der folgenden Bereiche treten die genannten Probleme **zurzeit** auf?				C 2
(Bitte kreuzen Sie in jeder Zeile ein Kästchen an.) **Die Probleme treten auf ...**	trifft gar nicht zu	trifft eher nicht zu	trifft eher zu	trifft völlig zu
... in der Schule.	☐	☐	☐	☐
... in der Familie.	☐	☐	☐	☐
... in der Freizeit.	☐	☐	☐	☐
... in: ________________	☐	☐	☐	☐

Gab es Ihrer Meinung nach während / nach der Beratung irgendwelche Ereignisse, die Veränderungen des Problems bewirkt haben könnten? C 3
☐ nein ☐ ja, nämlich: ________________________________

Auch diese Fragen kennen Sie zum Teil schon.
Diesmal sollen Sie jedoch die derzeitige Situation beurteilen.

Wie geht es Ihrem Kind **zurzeit**? *(Bitte kreuzen Sie in jeder Zeile ein Kästchen an.)*					C 4
Wie gut kommt Ihr Kind **zurzeit** mit den schulischen Leistungsanforderungen zurecht?	sehr gut ☐	eher gut ☐	teils teils ☐	eher schlecht ☐	sehr schlecht ☐
Wie gut ist die Beziehung Ihres Kindes zu Ihnen und zu den anderen Familienmitgliedern (Erwachsene und Kinder) **zurzeit**?	sehr gut ☐	eher gut ☐	teils teils ☐	eher schlecht ☐	sehr schlecht ☐
Wie gut ist **zurzeit** der Kontakt Ihres Kindes zu anderen Kindern in der Freizeit?	sehr gut ☐	eher gut ☐	teils teils ☐	eher schlecht ☐	sehr schlecht ☐
Wie gut kann Ihr Kind sich **zurzeit** alleine beschäftigen (Spielen, Interessen, Aktivitäten)?	sehr gut ☐	eher gut ☐	teils teils ☐	eher schlecht ☐	sehr schlecht ☐
Wie schätzen Sie die körperliche Gesundheit Ihres Kindes **zurzeit** ein?	sehr gut ☐	eher gut ☐	teils teils ☐	eher schlecht ☐	sehr schlecht ☐
Wie schätzen Sie die „nervliche" und seelische Verfassung Ihres Kindes **zurzeit** ein?	sehr gut ☐	eher gut ☐	teils teils ☐	eher schlecht ☐	sehr schlecht ☐
Wenn Sie alle genannten Aspekte und Lebensbereiche Ihres Kindes zusammenfassen: Wie gut geht es Ihrem Kind **zurzeit** insgesamt?	sehr gut ☐	eher gut ☐	teils teils ☐	eher schlecht ☐	sehr schlecht ☐
Wie stark ist Ihr Kind durch die Probleme, die Sie damals zu uns geführt haben, **zurzeit** noch belastet?	überhaupt nicht belastet ☐	wenig belastet ☐	mäßig belastet ☐	stark belastet ☐	sehr stark belastet ☐
Wie stark fühlen Sie sich selbst durch die Probleme Ihres Kindes **zurzeit** belastet?	überhaupt nicht belastet ☐	wenig belastet ☐	mäßig belastet ☐	stark belastet ☐	sehr stark belastet ☐
Wie stark ist die Stimmung / das Klima in Ihrer Familie **zurzeit** belastet?	überhaupt nicht belastet ☐	wenig belastet ☐	mäßig belastet ☐	stark belastet ☐	sehr stark belastet ☐

Wie oft treten die Probleme bei Ihrem Kind **zurzeit** auf? *(Bitte kreuzen Sie nur ein Kästchen an.)*	C 5
☐ mehrmals täglich ☐ täglich ☐ mehrmals wöchentlich ☐ mehrmals monatlich ☐ seltener	

Wie hat sich die Situation durch die Beratung insgesamt verändert? *(Bitte kreuzen Sie nur ein Kästchen an.)*	C 6
☐ deutliche Besserung ☐ leichte Besserung ☐ keine Veränderung ☐ leichte Verschlechterung ☐ deutliche Verschlechterung	

Angaben zu den Eltern
(Bitte kreuzen Sie alle zutreffenden Angaben an.)

Schulbildung		
Sie selbst		**Ihr/e Partner/in**
☐	keinen Abschluss	☐
☐	Hauptschulabschluss	☐
☐	mittlere Reife, Realschulabschluss	☐
☐	Fachabitur, -hochschulreife	☐
☐	Abitur, allgemeine Hochschulreife	☐

Beruf		
Sie selbst		**Ihr/e Partner/in**
☐	keine Berufsausbildung	☐
☐	Anlernberuf	☐
☐	abgeschlossene Lehre, Fachausbildung	☐
☐	Hochschulausbildung	☐
☐	Leitungsfunktion	☐
☐	selbständig	☐
☐	sonstiges: ____________	☐

Berufstätigkeit		
Sie sind...		**Ihr/e Partner/in ist...**
☐	... voll berufstätig	☐
☐	... teilzeitbeschäftigt	☐
☐	... Hausfrau/mann	☐
☐	... arbeitslos	☐
☐	... sonstiges: ____________	☐

Abschließend möchten wir Ihnen die Möglichkeit geben, uns Ihre eigenen Vorschläge zur Verbesserung unserer Arbeit in der Beratungsstelle mitzuteilen.

Was könnte die Beratungsstelle aus Ihren Erfahrungen heraus besser machen?

____

____

____

____

____

____

____

Was hat Ihnen an der Beratung besonders gut gefallen? Was sollte sich auf keinen Fall verändern?

____

____

____

____

____

____

____

Vielen Dank für Ihre Mitarbeit!

9 ANHANG C: ABKÜRZUNGSVERZEICHNIS UND ERGEBNISTABELLEN

In der vorliegenden Studie verwendete Abkürzungen:

ILK = Inventar zur Erfassung der Lebensqualität

FBB = Fragebögen zur Beurteilung der Behandlung

- E = Skala „Ergebnisqualität“ der FBB
- P = Skala „Prozessqualität“ der FBB
- GZ = Skala „Gesamtzufriedenheit“ der FBB

SBT = Selbstbestimmungstheorie

HCCQ = Health Care Climate Questionnaire

BPNS = Basic Psychological Needs Scale

IMI = Intrinsic Motivation Inventory

PCS = Perceived Competence Scale

„Vorher“ = Situation vor Beratungsbeginn

„Heute“ = aktuelle Situation (nach der Beratung)

N = Stichprobe

M = Mittelwert

MD = Median

MO = Modalwert

S = Standardabweichung

Min = Minimum

Max = Maximum

df = Freiheitsgrade

α = interne Konsistenz der Skala (bei Ausschluss des jeweiligen Items)

r_{it} = korrigierte Trennschärfe

d = Effektgröße für T-Tests für abhängige, gepaarte Stichproben

f^2 = Effektgröße für Partialkorrelationen

r = Korrelation (= Effektgröße für Korrelationen)

(*) = Die Korrelation ist auf dem Niveau von 0.10 tendenziell signifikant

* = Die Korrelation ist auf dem Niveau von 0.05 signifikant

** = Die Korrelation ist auf dem Niveau von 0.01 signifikant

(-) = aus Gründen der besseren Verständlichkeit wurden negativ formulierte Items für den Anhang umgepolt, so dass die Mittelwerte etc. für alle Items einer Skala in die gleiche Richtung zu interpretieren sind

Tabelle C1

Ausfüller des Fragebogens (N = 60)

Mutter	44	73.3%
Eltern gemeinsam	11	18.3%
Vater	4	6.7%
Andere	1	1.7%

Tabelle C2

Zusammenfassung der wichtigsten Angaben zur Beurteilung der Repräsentativität der Rücklaufstichprobe

		Antworter	Nicht-Antworter
Beratungsdauer	In Wochen	*M*= 10.27 *S* = 14.16	*M* = 10.90 *S* = 15.51
Anzahl der Beratungen		*M* = 7.08 *S* = 7.44	*M* = 7.21 *S* = 8.81
Kontaktaufnahme / Initiative	Mutter Kind selbst Vater Beide Eltern	50.0% 0.0% 7.5% 17.5%	85.0% 0.0% 5.0% 5.0%
Delay Beratung – Fragebogen	In Wochen	*M* = 102.35 *S* = 52.97	*M* = 115.45 *S* = 50.61
Anmeldungsgründe (bis zu drei Nennungen)	Allg. Lern- und Leistungsprobleme Konzentrationsschwierigkeiten Lese-Rechtschreib-Schwäche Unterforderung/Hochbegabungsabklärung Unsicherheit Schule/Beruf	8.1% 8.1% 35.5% 35.5% 12.9%	5.9% 11.8% 44.1% 20.6% 5.9%
Alter	In Jahren	*M* = 8.90 *S* = 2.56	*M* = 10.62 *S* = 4.30
Geschlecht	Jungen Mädchen	67.7% 32.3%	61.8% 38.2%
Geschwister	Einzelkind Ein Geschwisterkind Mind. Zwei Geschwister	22.0% 49.2% 28.8%	18.2% 45.5% 36.4%
Familie	Beide Eltern Alleinerziehendes Elternteil Elternteil + neuer Partner	88.3% 8.3% --	72.7% 24.2% 3.0%
Schulform	Grundschule Hauptschule Realschule Gymnasium Gesamtschule Kindergarten	52.5% 5.1% 1.7% 13.6% 5.1% 18.6%	51.5% 6.1% 6.1% 18.2% 9.1% 9.1%
Ausgeübter Beruf der Mutter	Un-/angelernt Ausgebildet, studiert Hausfrau, Rentnerin, arbeitslos	9.1% 65.5% 25.5%	12.9% 67.7% 19.4%
Ausgeübter Beruf des Vaters	Un-/angelernt Ausgebildet, studiert Hausmann, Rentner, arbeitslos	3.7% 94.4% 1.9%	3.6% 96.4% 0.0%

Tabelle C3

Information über die Beratungsstelle

Freunde	29	47.5%
Lehrer/Schule	9	14.8%
Arzt	4	6.6%
Freunde + Lehrer/Schule	4	6.6%
Andere	2	3.3%
Deutsche Gesellschaft für das hochbegabte Kind	2	3.3%
Selbst	2	3.3%
Infoveranstaltung	1	1.6%
Elterninitiative „Hochbegabte Kinder“	1	1.6%
Onkel	1	1.6%
Nachhilfelehrer	1	1.6%
Sprachtherapeut	1	1.6%
Fernsehsendung	1	1.6%
Amt für Jugend und soz. Wohnen	1	1.6%
Verein zur Förderung Hochbegabter	1	1.6%
Freunde + selbst	1	1.6%
Internet	0	0.0%

Tabelle C4

Entscheidung für die Beratungsstelle

Empfehlung	48	77.4%
Kostenlos	32	51.6%
Guter Ruf	19	30.6%
Günstige Lage	19	30.6%
Gute Erfahrung	6	9.7%
Andere	5	8.1%
Kürzeste Wartezeit	4	6.5%
Erstbeste Adresse	1	1.6%

Tabelle C5

Problemdauer vor der Beratung und Entscheidungsdauer zur Beratung

	Problemdauer vor Beratung (*N* = 57)		Entscheidungsdauer zur Beratung (*N* = 59)	
Einige Wochen	1	1.8%	29	49.2%
2-6 Monate	5	8.8%	13	22.0%
7-12 Monate	19	33.4%	10	16.9%
1-2 Jahre	16	28.1%	5	8.5%
Noch länger	16	28.1%	2	3.4%

Tabelle C6

*Problemdauer vor der Beratung * Entscheidungsdauer zur Beratung*

		Entscheidungsdauer zur Beratung					Gesamt
		Einige Wochen	2-6 Monate	7-12 Monate	1-2 Jahre	Noch länger	
Problemdauer vor der Beratung	Einige Wochen	1 1.8%					1 1.8%
	2-6 Monate	1 1.8%	3 5.4%	1 1.8%			5 8.9%
	7-12 Monate	9 16.1%	6 10.7%	4 7.1%			19 33.9%
	1-2 Jahre	8 14.3%	3 5.4%	2 3.6%	3 5.4%		16 28.6%
	Noch länger	9 16.1%	1 1.8%	2 3.6%	1 1.8%	2 3.6%	15 26.8%
Gesamt		28 50.0%	13 23.2%	9 16.1%	4 7.1%	2 3.6%	56 100.0%

Tabelle C7

Idee zur Beratung (N = 61)

Mutter	39	62.9%
Lehrer/Schule	7	11.3%
Vater	3	4.8%
Beide Eltern	3	4.8%
Arzt	2	3.2%
Weitere Personen aus der Familie	2	3.2%
Eltern/-teil + Schule	2	3.2%
SozialarbeiterIn	1	1.6%
Lehrer + Pastor	1	1.6%
Freunde	1	1.6%
Sprachtherapeut, Beratungsstelle	1	1.6%
Das Kind selbst	0	0.0%

Tabelle C8

Inner- vs. außerfamiliäre Motivation auf Grundlage des Items „Idee zur Beratung" (N = 58)

Innerfamiliäre Motivation	45	77.6%
Außerfamiliäre Motivation	13	22.4%

Tabelle C9

Andere Hilfen vor, während und nach der Beratung (B5)

	N	Nie		Nur vor der Beratung		Nur während der Beratung		Nur heute		Während der Beratung + heute		Immer	
(Andere) Erziehungsberatungsstelle	56	35	56.5%	15	24.2%	2	3.2%	3	4.8%	1	1.6%	0	0.0%
Sozialpädagogische Familienhilfe	54	49	79.0%	2	3.2%	0	0.0%	3	4.8%	0	0.0%	0	0.0%
Psychotherapie der Eltern	55	49	79.0%	2	3.2%	2	3.2%	1	1.6%	1	1.6%	0	0.0%
Psychotherapie des Kindes	55	50	80.6%	2	3.2%	0	0.0%	3	4.8%	0	0.0%	0	0.0%
Medikamentöse Behandlung Kind	54	50	80.6%	2	3.2%	0	0.0%	1	1.6%	1	1.6%	0	0.0%
Motorische Förderung Kind	56	44	71.0%	6	9.7%	2	3.2%	3	4.8%	1	1.6%	0	0.0%
Sprachliche Förderung Kind	53	39	62.9%	10	16.1%	0	0.0%	2	3.2%	1	1.6%	1	1.6%
Schulische Förderung Kind	57	35	56.5%	5	8.1%	2	3.2%	10	16.1%	3	4.8%	2	3.2%
Andere	21	14	22.6%	2	3.2%	0	0.0%	4	6.5%	0	0.0%	1	1.6%

Tabelle C10

Erfolgserwartung „vorher" und Veränderung „heute"

	Erfolgserwartung „vorher" (*N* = 57)		Veränderung „heute" (*N* = 55)	
Vollständige Besserung	2	3.5%	--	--
Deutliche Besserung	33	57.9%	18	32.7%
Leichte Besserung	17	29.8%	27	49.1%
Keine Veränderung	5	8.8%	10	18.2%
Leichte Verschlechterung	--	--	0	0.0%
Deutliche Verschlechterung	--	--	0	0.0%

Tabelle C11

In Anspruch genommene Beratungsleistungen

Diagnose	51	83.6%
Elterngespräche	37	60.7%
Gutachten	29	47.5%
Spiele/Gespräche mit dem Kind	26	42.6%
Förderung	15	24.6%
Familiengespräche	6	9.8%
Schulbesuche	5	8.2%
Andere Leistungen	3	4.9%
Überweisung	2	3.3%

Tabelle C12

Entlastung durch die Beratung und Aufwand für die Beratung

	N	*M*	*S*	*Min*	*Max*
Entlastung durch Beratung	59	3.17	1.12	1	5
Aufwand für Beratung	60	2.63	0.86	1	5

Anmerkung. Die Antwortmöglichkeiten sind folgendermaßen kodiert: 1 = *„sehr gering"*2 = *„gering"*, 3 = *„mittel"*, 4 = *„groß"*, 5 = *„sehr groß"*.

Tabelle C13

*Entlastung durch die Beratung * Aufwand für die Beratung*

		Aufwand für die Beratung					Gesamt
		Sehr gering	Gering	Mittel	Groß	Sehr groß	
Entlastung durch die Beratung	Sehr gering		2 3.4%	5 8.6%	1 1.7%		8 13.8%
	Gering		1 1.7%	3 5.2%			4 6.9%
	Mittel	1 1.7%	10 17.2%	5 8.6%	4 6.9%	1 1.7%	21 36.2%
	Groß	2 3.4%	9 15.5%	8 13.8%	2 3.4%		21 36.2%
	Sehr groß		1 1.7%	2 3.4%	1 1.7%		4 6.9%
Gesamt		3 5.2%	23 39.7%	23 39.7%	8 13.8%	1 1.7%	58 100.0%

Tabelle C14

Schulbildung der Eltern

	Mutter	Vater
Kein Abschluss	3.3%	5.4%
Hauptschulabschluss	18.3%	16.1%
Mittlere Reife, Realschulabschluss	26.7%	23.2%
Fachabitur, -hochschulreife	15.0%	19.6%
Abitur, allg. Hochschulreife	36.7%	35.7%

Tabelle C15

Beruf der Eltern

	Mutter	Vater
Keine Berufsausbildung	3.3%	1.8%
Abgeschlossene Lehre/Fachausbildung	61.7%	1.8%
Hochschulausbildung	18.3%	44.6%
Leitungsfunktion	6.7%	26.8%
Selbständig	6.7%	12.5%
sonstiges	3.3%	1.8%

Tabelle C16

Interkorrelation der FBB-Skalen (zweiseitiger Signifikanztest)

	Skala „Erfolg“	Skala „Prozess“	Teil-Skala „Prozess“ (ohne GZ)	Skala „Gesamt-zufriedenheit“
Skala „Erfolg“				
Skala „Prozess“	.60**			
Teil-Skala „Prozess“ (ohne GZ)	.53**	(.93**)		
Skala „Gesamt-zufriedenheit“	.59**	(.95**)	.78**	
Gesamtskala	(.94**)	(.84**)	(.77**)	(.81**)

Anmerkung. () Die Korrelationen sind mit Vorsicht zu interpretieren, da es Itemüberschneidungen bei den Skalen gibt.

Tabelle C17

Itemanalysen der Problemlisten „vorher“ und „heute“

	Problemliste „vorher“						Problemliste „heute“					
	N	*M*	*S*	*MO*	*Min*	*Max*	*N*	*M*	*S*	*MO*	*Min*	*Max*
Allgemeine Lern- und Leistungsprobleme	59	2.53	1.18	1	1	4	58	2.21	0.99	2	1	4
Konzentrationsschwierigkeiten	58	2.53	1.13	3	1	4	60	2.43	0.95	3	1	4
LRS	55	2.20	1.30	1	1	4	60	2.08	1.14	1	1	4
Unterforderung in der Schule	57	1.88	1.13	1	1	4	59	1.93	0.94	1	1	4
Mangelnde Motivation, Schulunlust	58	2.09	1.17	1	1	4	60	2.07	0.97	1	1	4
Schulverweigerung	56	1.11	0.49	1	1	4	60	1.27	0.61	1	1	4
Aggressivität	57	1.44	0.82	1	1	4	60	1.55	0.79	1	1	4
Extreme Unruhe	56	1.75	1.00	1	1	4	60	1.65	0.90	1	1	4
Auffälliges Verhalten	56	1.27	0.70	1	1	4	60	1.28	0.61	1	1	4
Ängste	58	2.21	1.18	1	1	4	59	1.85	0.85	2	1	4
Mangelndes Selbstvertrauen, Unsicherheit	58	2.47	1.17	1	1	4	59	2.01	0.89	1	1	4
Kontaktprobleme, Schüchternheit	56	1.89	1.00	1	1	4	60	1.72	0.83	1	1	4
Eltern-Kind Konflikte	56	1.61	0.85	1	1	4	60	1.75	0.75	2	1	4
Geschwisterkonflikte	54	1.41	0.69	1	1	3	58	1.74	0.85	1	1	4
Schlafstörungen	58	1.52	0.92	1	1	4	60	1.40	0.76	1	1	4
Einnässen, Einkoten	57	1.21	0.73	1	1	4	60	1.17	0.49	1	1	4
Körperliche Beschwerden	58	1.83	1.17	1	1	4	60	1.73	1.04	1	1	4
Unsicherheit Schullaufbahn/berufliche Entwicklung	57	2.42	1.21	1	1	4	60	2.02	1.02	1	1	4
Andere Probleme	20	1.90	1.25	1	1	4	13	1.62	1.04	1	1	4

Anmerkung. Die Antwortmöglichkeiten sind folgendermaßen kodiert: 1 = *„trifft gar nicht zu“*, 2 = *„trifft eher nicht zu“*, 3 = *„trifft eher zu“*, 4 = *„trifft völlig zu“*.

Tabelle C18

Itemanalysen der Problemlisten „vorher“ und „heute“ ohne „trifft gar nicht zu“ (= 1)

	Problemliste „vorher“					Problemliste „heute“				
	“trifft gar nicht zu”	N^a	M^a	S^a	MO^a	*“trifft gar nicht zu”*	N^a	M^a	S^a	MO^a
Allgemeine Lern- und Leistungsprobleme	17	42	3.14	0.78	3[b]	15	43	2.63	0.79	2
Konzentrationsschwierigkeiten	16	42	3.12	0.71	3	12	48	2.79	0.68	3
LRS	27	28	3.36	0.73	4	26	34	2.91	0.83	2
Unterforderung in der Schule	32	25	3.00	0.82	3	24	35	2.57	0.70	2
Mangelnde Motivation, Schulunlust	27	31	3.03	0.80	3	21	39	2.64	0.71	2
Schulverweigerung	53	3	3.00	1.00	2[b]	48	12	2.33	0.65	2
Aggressivität	42	15	2.67	0.72	2	37	23	2.43	0.59	2
Extreme Unruhe	32	24	2.75	0.74	2[b]	34	26	2.50	0.76	2
Auffälliges Verhalten	48	8	2.88	0.64	3	47	13	2.31	0.63	2
Ängste	24	34	3.06	0.78	3	23	36	2.39	0.64	2
Mangelndes Selbstvertrauen, Unsicherheit	18	40	3.13	0.76	3	21	37	2.57	0.60	2
Kontaktprobleme, Schüchternheit	26	30	2.67	0.76	2	30	30	2.43	0.57	2
Eltern-Kind Konflikte	33	23	2.48	0.67	2	24	36	2.25	0.55	2
Geschwisterkonflikte	38	16	2.38	0.50	2	29	29	2.48	0.57	2
Schlafstörungen	41	17	2.76	0.83	2	44	16	2.50	0.73	2
Einnässen, Einkoten	52	5	3.40	0.89	4	52	8	2.25	0.71	2
Körperliche Beschwerden	37	21	3.29	0.64	3	36	24	2.83	0.82	2
Unsicherheit Schullaufbahn/berufliche Entwicklung	20	37	3.19	0.74	3	23	37	2.65	0.79	2
Andere Probleme	12	8	3.25	0.89	4	9	4	3.00	0.82	3

Anmerkungen. Die Antwortmöglichkeiten sind folgendermaßen kodiert: 1 = *„trifft gar nicht zu“*, 2 = *„trifft eher nicht zu“*, 3 = *„trifft eher zu“*, 4 = *„trifft völlig zu“*.

[a] Für die Stichprobe derjenigen, die bei dem jeweiligen Item ein Problem, d.h. 2-4 angekreuzt, haben. [b] Mehrere Modi vorhanden, der kleinste Wert wird angezeigt.

Tabelle C19

Itemanalysen der Problembereiche „vorher“ und „heute“

	Problembereiche „vorher“						Problembereiche „heute“					
	N	*M*	*S*	*MO*	*Min*	*Max*	*N*	*M*	*S*	*MO*	*Min*	*Max*
Schule	58	3.14	1.12	4	1	4	56	2.89	1.07	4	1	4
Familie	56	2.61	1.12	3	1	4	54	2.17	1.04	1	1	4
Freizeit	48	2.13	1.20	1	1	4	53	1.96	1.00	1	1	4
Andere Bereiche	9	2.11	1.36	1	1	4	8	1.25	0.46	1	1	2

Anmerkungen. Die Antwortmöglichkeiten sind folgendermaßen kodiert: 1 = *„trifft gar nicht zu“*, 2 = *„trifft eher nicht zu“*, 3 = *„trifft eher zu“*, 4 = *„trifft völlig zu“*.

Tabelle C20

Itemanalysen der Problembereiche „vorher“ und „heute“ ohne „trifft gar nicht zu“ (= 1)

	Problembereiche „vorher“					Problembereiche „heute“				
	"trifft gar nicht zu"	N^a	M^a	S^a	MO^a	*"trifft gar nicht zu"*	N^a	M^a	S^a	MO^a
Schule	10	48	3.58	0.58	4	9	47	3.26	0.74	4
Familie	13	43	3.09	0.78	3	18	36	2.75	0.77	2
Freizeit	21	27	3.00	0.88	2[b]	21	32	2.59	0.80	2
Andere Bereiche	5	4	3.50	0.58	3[b]	6	2	2.00	0.00	2

Anmerkungen. Die Antwortmöglichkeiten sind folgendermaßen kodiert: 1 = *„trifft gar nicht zu“*, 2 = *„trifft eher nicht zu“*, 3 = *„trifft eher zu“*, 4 = *„trifft völlig zu“*.
[a] Für die Stichprobe derjenigen, die bei dem jeweiligen Item einen Problembereich, d.h. 2-4 angekreuzt, haben. [b] Mehrere Modi vorhanden. Der kleinste Wert wird angezeigt.

Tabelle C21

Problemhäufigkeit „vorher“ und „heute“

	Problemhäufigkeit „vorher“ (*N* = 54)		Problemhäufigkeit „heute“ (*N* = 53)	
Seltener	2	3.7%	18	34.0%
Mehrmals monatlich	7	13.0%	9	17.0%
Mehrmals wöchentlich	16	29.6%	12	22.6%
Täglich	26	48.1%	12	22.6%
Mehrmals täglich	3	5.6%	2	3.8%

Tabelle C22

Partialkorrelationen der indirekten Erfolgskriterien mit den selbstbestimmungstheoretischen Prozessdimensionen bei verschiedenen Ausschlusskriterien

	Autonomie-unterstützung		Soziale Eingebundenheit		Kompetenz-unterstützung	
	r_{part1}	r_{part2}	r_{part1}	r_{part2}	r_{part1}	r_{part2}
Problemliste	- .10	-.38*	- .08	-.34*	- .12	-.34*
Problembereiche	.00	-.21	- .08	-.23(*)	- .19	-.35*
Problemhäufigkeit	- .04	-.19	- .14	-.23(*)	- .03	-.20
Lebensqualität	- .03	-.26(*)	.01	-.29*	- .15	-.43**
Belastung	- .00	-.23(*)	- .10	-.24(*)	- .23*	-.36*

Anmerkungen. Eine negative Korrelation bedeutet, dass das Problem heute umso geringer ist, je besser die selbstbestimmungstheoretische Prozessdimension bewertet wird. r_{part1} wird mit Fallausschluss „analysis“ berechnet (n = 47-58). r_{part2} wird nur mit Vpn berechnet, die in allen Variablen der obigen Tabelle keine Missings aufweisen (n = 37).

Tabelle C23

Mittelwerte und Standardabweichungen der Eltern der poliklinischen Stichprobe auf den ILK-Items im Vergleich mit den Eltern der Pädagogisch-Psychologischen Beratungsstelle

ILK-Items	Poliklinische Stichprobe (*N* = 46)		ILK „vorher" (*N* = 54-61)		ILK „heute" (*N* = 60-61)	
	M	*S*	*M*	*S*	*M*	*S*
Schule	2.83	1.07	2.65	1.15	2.33	1.07
Familie	1.78	0.88	1.62	0.80	1.75	0.70
Freizeit	2.49	1.04	2.38	1.09	1.84	0.84
Beschäftigung allein	2.50	1.11	1.98	1.13	1.66	0.91
körperliche Gesundheit	1.83	0.68	1.89	0.95	1.54	0.77
„Nervliche" und seelische Verfassung	2.87	0.89	2.82	1.16	2.18	0.99
Gesamtverfassung des Kindes	2.37	0.80	2.42	1.00	2.01	0.81

Anmerkung. Die Antwortmöglichkeiten sind folgendermaßen kodiert: 1 = *„sehr gut"*, 2 = *„eher gut"*, 3 = *„teils teils"*, 4 = *„eher schlecht"*, 5 = *„sehr schlecht"*.

Tabelle C13

*Entlastung durch die Beratung * Aufwand für die Beratung*

		Aufwand für die Beratung					Gesamt
		Sehr gering	Gering	Mittel	Groß	Sehr groß	
Entlastung durch die Beratung	Sehr gering		2 3.4%	5 8.6%	1 1.7%		8 13.8%
	Gering		1 1.7%	3 5.2%			4 6.9%
	Mittel	1 1.7%	10 17.2%	5 8.6%	4 6.9%	1 1.7%	21 36.2%
	Groß	2 3.4%	9 15.5%	8 13.8%	2 3.4%		21 36.2%
	Sehr groß		1 1.7%	2 3.4%	1 1.7%		4 6.9%
Gesamt		3 5.2%	23 39.7%	23 39.7%	8 13.8%	1 1.7%	58 100.0%

Tabelle C14

Schulbildung der Eltern

	Mutter	Vater
Kein Abschluss	3.3%	5.4%
Hauptschulabschluss	18.3%	16.1%
Mittlere Reife, Realschulabschluss	26.7%	23.2%
Fachabitur, -hochschulreife	15.0%	19.6%
Abitur, allg. Hochschulreife	36.7%	35.7%

Tabelle C15

Beruf der Eltern

	Mutter	Vater
Keine Berufsausbildung	3.3%	1.8%
Abgeschlossene Lehre/Fachausbildung	61.7%	1.8%
Hochschulausbildung	18.3%	44.6%
Leitungsfunktion	6.7%	26.8%
Selbständig	6.7%	12.5%
sonstiges	3.3%	1.8%

Tabelle C16

Interkorrelation der FBB-Skalen (zweiseitiger Signifikanztest)

	Skala „Erfolg“	Skala „Prozess“	Teil-Skala „Prozess“ (ohne GZ)	Skala „Gesamt-zufriedenheit“
Skala „Erfolg“				
Skala „Prozess“	.60**			
Teil-Skala „Prozess“ (ohne GZ)	.53**	(.93**)		
Skala „Gesamt-zufriedenheit“	.59**	(.95**)	.78**	
Gesamtskala	(.94**)	(.84**)	(.77**)	(.81**)

Anmerkung. () Die Korrelationen sind mit Vorsicht zu interpretieren, da es Itemüberschneidungen bei den Skalen gibt.

Tabelle C17

Itemanalysen der Problemlisten „vorher“ und „heute“

	Problemliste „vorher“						Problemliste „heute“					
	N	*M*	*S*	*MO*	*Min*	*Max*	*N*	*M*	*S*	*MO*	*Min*	*Max*
Allgemeine Lern- und Leistungsprobleme	59	2.53	1.18	1	1	4	58	2.21	0.99	2	1	4
Konzentrationsschwierigkeiten	58	2.53	1.13	3	1	4	60	2.43	0.95	3	1	4
LRS	55	2.20	1.30	1	1	4	60	2.08	1.14	1	1	4
Unterforderung in der Schule	57	1.88	1.13	1	1	4	59	1.93	0.94	1	1	4
Mangelnde Motivation, Schulunlust	58	2.09	1.17	1	1	4	60	2.07	0.97	1	1	4
Schulverweigerung	56	1.11	0.49	1	1	4	60	1.27	0.61	1	1	4
Aggressivität	57	1.44	0.82	1	1	4	60	1.55	0.79	1	1	4
Extreme Unruhe	56	1.75	1.00	1	1	4	60	1.65	0.90	1	1	4
Auffälliges Verhalten	56	1.27	0.70	1	1	4	60	1.28	0.61	1	1	4
Ängste	58	2.21	1.18	1	1	4	59	1.85	0.85	2	1	4
Mangelndes Selbstvertrauen, Unsicherheit	58	2.47	1.17	1	1	4	59	2.01	0.89	1	1	4
Kontaktprobleme, Schüchternheit	56	1.89	1.00	1	1	4	60	1.72	0.83	1	1	4
Eltern-Kind Konflikte	56	1.61	0.85	1	1	4	60	1.75	0.75	2	1	4
Geschwisterkonflikte	54	1.41	0.69	1	1	3	58	1.74	0.85	1	1	4
Schlafstörungen	58	1.52	0.92	1	1	4	60	1.40	0.76	1	1	4
Einnässen, Einkoten	57	1.21	0.73	1	1	4	60	1.17	0.49	1	1	4
Körperliche Beschwerden	58	1.83	1.17	1	1	4	60	1.73	1.04	1	1	4
Unsicherheit Schullaufbahn/berufliche Entwicklung	57	2.42	1.21	1	1	4	60	2.02	1.02	1	1	4
Andere Probleme	20	1.90	1.25	1	1	4	13	1.62	1.04	1	1	4

Anmerkung. Die Antwortmöglichkeiten sind folgendermaßen kodiert: 1 = *„trifft gar nicht zu“*, 2 = *„trifft eher nicht zu“*, 3 = *„trifft eher zu“*, 4 = *„trifft völlig zu“*.

Tabelle C18

Itemanalysen der Problemlisten „vorher“ und „heute“ ohne „trifft gar nicht zu“ (= 1)

	Problemliste „vorher“					Problemliste „heute“				
	“trifft gar nicht zu”	*N*[a]	*M*[a]	*S*[a]	*MO*[a]	*“trifft gar nicht zu”*	*N*[a]	*M*[a]	*S*[a]	*MO*[a]
Allgemeine Lern- und Leistungsprobleme	17	42	3.14	0.78	3[b]	15	43	2.63	0.79	2
Konzentrationsschwierigkeiten	16	42	3.12	0.71	3	12	48	2.79	0.68	3
LRS	27	28	3.36	0.73	4	26	34	2.91	0.83	2
Unterforderung in der Schule	32	25	3.00	0.82	3	24	35	2.57	0.70	2
Mangelnde Motivation, Schulunlust	27	31	3.03	0.80	3	21	39	2.64	0.71	2
Schulverweigerung	53	3	3.00	1.00	2[b]	48	12	2.33	0.65	2
Aggressivität	42	15	2.67	0.72	2	37	23	2.43	0.59	2
Extreme Unruhe	32	24	2.75	0.74	2[b]	34	26	2.50	0.76	2
Auffälliges Verhalten	48	8	2.88	0.64	3	47	13	2.31	0.63	2
Ängste	24	34	3.06	0.78	3	23	36	2.39	0.64	2
Mangelndes Selbstvertrauen, Unsicherheit	18	40	3.13	0.76	3	21	37	2.57	0.60	2
Kontaktprobleme, Schüchternheit	26	30	2.67	0.76	2	30	30	2.43	0.57	2
Eltern-Kind Konflikte	33	23	2.48	0.67	2	24	36	2.25	0.55	2
Geschwisterkonflikte	38	16	2.38	0.50	2	29	29	2.48	0.57	2
Schlafstörungen	41	17	2.76	0.83	2	44	16	2.50	0.73	2
Einnässen, Einkoten	52	5	3.40	0.89	4	52	8	2.25	0.71	2
Körperliche Beschwerden	37	21	3.29	0.64	3	36	24	2.83	0.82	2
Unsicherheit Schullaufbahn/berufliche Entwicklung	20	37	3.19	0.74	3	23	37	2.65	0.79	2
Andere Probleme	12	8	3.25	0.89	4	9	4	3.00	0.82	3

Anmerkungen. Die Antwortmöglichkeiten sind folgendermaßen kodiert: 1 = *„trifft gar nicht zu“*, 2 = *„trifft eher nicht zu“*, 3 = *„trifft eher zu“*, 4 = *„trifft völlig zu“*.

[a] Für die Stichprobe derjenigen, die bei dem jeweiligen Item ein Problem, d.h. 2-4 angekreuzt, haben. [b] Mehrere Modi vorhanden, der kleinste Wert wird angezeigt.

Tabelle C19

Itemanalysen der Problembereiche „vorher“ und „heute“

	Problembereiche „vorher“						Problembereiche „heute“					
	N	*M*	*S*	*MO*	*Min*	*Max*	*N*	*M*	*S*	*MO*	*Min*	*Max*
Schule	58	3.14	1.12	4	1	4	56	2.89	1.07	4	1	4
Familie	56	2.61	1.12	3	1	4	54	2.17	1.04	1	1	4
Freizeit	48	2.13	1.20	1	1	4	53	1.96	1.00	1	1	4
Andere Bereiche	9	2.11	1.36	1	1	4	8	1.25	0.46	1	1	2

Anmerkungen. Die Antwortmöglichkeiten sind folgendermaßen kodiert: 1 = *„trifft gar nicht zu“*, 2 = *„trifft eher nicht zu“*, 3 = *„trifft eher zu“*, 4 = *„trifft völlig zu“*.

Tabelle C20

Itemanalysen der Problembereiche „vorher" und „heute" ohne „trifft gar nicht zu" (= 1)

	Problembereiche „vorher"					Problembereiche „heute"				
	"trifft gar nicht zu"	N^a	M^a	S^a	MO^a	*"trifft gar nicht zu"*	N^a	M^a	S^a	MO^a
Schule	10	48	3.58	0.58	4	9	47	3.26	0.74	4
Familie	13	43	3.09	0.78	3	18	36	2.75	0.77	2
Freizeit	21	27	3.00	0.88	2[b]	21	32	2.59	0.80	2
Andere Bereiche	5	4	3.50	0.58	3[b]	6	2	2.00	0.00	2

Anmerkungen. Die Antwortmöglichkeiten sind folgendermaßen kodiert: 1 = *„trifft gar nicht zu"*, 2 = *„trifft eher nicht zu"*, 3 = *„trifft eher zu"*, 4 = *„trifft völlig zu"*.

[a] Für die Stichprobe derjenigen, die bei dem jeweiligen Item einen Problembereich, d.h. 2-4 angekreuzt, haben. [b] Mehrere Modi vorhanden. Der kleinste Wert wird angezeigt.

Tabelle C21

Problemhäufigkeit „vorher" und „heute"

	Problemhäufigkeit „vorher" (N = 54)		Problemhäufigkeit „heute" (N = 53)	
Seltener	2	3.7%	18	34.0%
Mehrmals monatlich	7	13.0%	9	17.0%
Mehrmals wöchentlich	16	29.6%	12	22.6%
Täglich	26	48.1%	12	22.6%
Mehrmals täglich	3	5.6%	2	3.8%

Tabelle C22

Partialkorrelationen der indirekten Erfolgskriterien mit den selbstbestimmungstheoretischen Prozessdimensionen bei verschiedenen Ausschlusskriterien

	Autonomie-unterstützung		Soziale Eingebundenheit		Kompetenz-unterstützung	
	r_{part1}	r_{part2}	r_{part1}	r_{part2}	r_{part1}	r_{part2}
Problemliste	- .10	-.38*	- .08	-.34*	- .12	-.34*
Problembereiche	.00	-.21	- .08	-.23(*)	- .19	-.35*
Problemhäufigkeit	- .04	-.19	- .14	-.23(*)	- .03	-.20
Lebensqualität	- .03	-.26(*)	.01	-.29*	- .15	-.43**
Belastung	- .00	-.23(*)	- .10	-.24(*)	- .23*	-.36*

Anmerkungen. Eine negative Korrelation bedeutet, dass das Problem heute umso geringer ist, je besser die selbstbestimmungstheoretische Prozessdimension bewertet wird. r_{part1} wird mit Fallausschluss „analysis" berechnet (n = 47-58). r_{part2} wird nur mit Vpn berechnet, die in allen Variablen der obigen Tabelle keine Missings aufweisen (n = 37).

Tabelle C23

Mittelwerte und Standardabweichungen der Eltern der poliklinischen Stichprobe auf den ILK-Items im Vergleich mit den Eltern der Pädagogisch-Psychologischen Beratungsstelle

ILK-Items	Poliklinische Stichprobe (*N* = 46)		ILK „vorher" (*N* = 54-61)		ILK „heute" (*N* = 60-61)	
	M	*S*	*M*	*S*	*M*	*S*
Schule	2.83	1.07	2.65	1.15	2.33	1.07
Familie	1.78	0.88	1.62	0.80	1.75	0.70
Freizeit	2.49	1.04	2.38	1.09	1.84	0.84
Beschäftigung allein	2.50	1.11	1.98	1.13	1.66	0.91
körperliche Gesundheit	1.83	0.68	1.89	0.95	1.54	0.77
„Nervliche" und seelische Verfassung	2.87	0.89	2.82	1.16	2.18	0.99
Gesamtverfassung des Kindes	2.37	0.80	2.42	1.00	2.01	0.81

Anmerkung. Die Antwortmöglichkeiten sind folgendermaßen kodiert: 1 = *„sehr gut"*, 2 = *„eher gut"*, 3 = *„teils teils"*, 4 = *„eher schlecht"*, 5 = *„sehr schlecht"*.

***ibidem*-Verlag**
Melchiorstr. 15
D-70439 Stuttgart

info@ibidem-verlag.de

www.ibidem-verlag.de
www.edition-noema.de
www.autorenbetreuung.de